KB089504

이름이나 상호를 잘 지어야 술술 풀린다

大_대運_운 따르는 이름 짓는법

염경만 엮음

도서
출판 **예가**

책 머리에

우리는 흔히 사람은 죽어서 이름을 남기고, 호랑이는 죽어서 가죽을 남긴다는 말을 한다.

이것은 이름을 후세에 남기기 위한 인간의 욕망만을 뜻하는 것이 아니라 인간시대의 행복, 즉 살아있을 때 건강하게 장수를 누리며 행복하게 부(富)를 누리고 싶은 욕망일 것이다.

말하자면 명예와 부(富)는 오로지 노력만 한다고 해서 이룰 수 없는 것이니, 숙명(宿命)이라는 굴레에서 벗어나 좀 더 나은 삶을 누리고자 하는 암시적 유도의 힘으로 응용하려는 뜻에서 성명학(姓名學)이 탄생된 것이다.

기원이 어떻든 들리는 소리, 부르는 소리에 의해 복(富)도 오고 화(禍)도 오는 것이니 이름이 나쁘면 개명(改名)하는 것도 좋다.

왜냐하면 부르는 이름에 의해서 운세가 전환되고 변화되는 것을 성명학에서 증명하고 있으며 흔히 사람은 이름 따라간다는 말을 듣게 되기 때문이다.

대표적인 예로 잘 나가는 연예인들을 보면 본명(本名)을 쓰는 사람이 별로 없다. 또한 소설가, 문학가, 시인들도 본명이 아닌 필명(筆名)을 사용하여 성공하는 예가 많다.

그들은 왜 부모님이 지어주신 본명을 버리고 예명 또는 필명을 사용하는가?

비유를 하자면, '영업중' 팻말을 걸어놓고 영업중인 업소에 영字를 휴字로 글자 하나 바꾸어 놓으면 '휴업중'이 되어 문 앞에 왔던 손님들이 되돌아 갈 것이고 '휴업중' 팻말에 휴字를 영字로 바꾸어 놓으면 '영업중'이 되어 영업을 하는 줄 알고 손님들이 문 앞에 올 것이다. 이정표에 '청주'라고 써 놓으면 청주갈 사람이 오고 '충주'라고 써 놓으면 충주갈 사람이 오는 것이다. 이처럼 글자 하나가 사람을 오게 하기도 하고 물러가게 하기도 하는 것이니 이름을 짓거나 상호를 짓는 것은 매우 중요한 일이다.

이 책을 잘 정독하여 대운(大運) 따르는 이름을 지어 부르고, 좋은말을 하면서 땀과 노력을 쌓아갈 때 미래는 당신의 것이며 성공에 한발 더 다가가게 될 것이다.

끝으로 이 책이 출판되기까지 많은 도움을 주신 예가출판사 윤다시 사장님, 윤희진님 외 출판사 관계자들께 깊은 감사를 드린다.

영등포구 당산동에서

湖山 염경만

차 례

제1장

大運 따르는 이름짓는 법

오행 五行

1. 오행(五行)이란 무엇인가?

대운(大運)트인 이름을 지으려면 우선 오행을 알아야 한다. 오행(五行)이란, 목(木), 화(火), 토(土), 금(金), 수(水) 다섯 가지를 말하는 것이고, 행(行)이란 봄, 여름, 가을, 겨울을 끊임없이 순환한다고 하여 행이라 한다. 무릇 우리 인간세상은 의·식·주가 해결되어야 살아갈 수 있는 것인데, 이 바탕은 자연의 법칙 속에서 이루어지는 것이다. 이를테면,

木(나무)이 있어야 숨을 쉴 수 있는 산소를 얻을 수 있다.

火(불)가 있어야 음식을 익혀 먹으며 따뜻하게 겨울을 지낼 수 있다.

土(흙)가 있어야 농사를 지을 수 있다.

金(쇠)이 있어야 일상생활에 필요한 도구를 만들 수 있다.

水(물)가 있어야 동·식물이 살아갈 수 있으니

지구상의 모든 생명체는 알게 모르게 오행(五行)의 혜택을 받으며 살아가고 있는 것이다.

세상만물이 이러하듯이 이름도 오행(五行)으로 구성되어 있으며, 이름의 발음(發音)오행과 획수(劃數)오행의 상생(相生), 상극(相剋)으로 좋은 이름(吉)과 나쁜 이름(凶)을 구별하는 것이다.

그러면 소리 음(音) 즉, 발음오행(發音五行)에 대하여 알아보자.

2. 발음오행(發音五行)도표

오행	발음		발음기관
木(나무)	ㄱ, ㅋ	가, 카	牙音 어금니소리
火(불)	ㄴ, ㄷ, ㄹ, ㅌ	나, 다, 라, 타	舌音 혓소리
土(흙)	ㅇ, ㅎ	아, 하	喉音 목구멍소리
金(쇠)	ㅅ, ㅈ, ㅊ	사, 자, 차	齒音 잇소리
水(물)	ㅁ, ㅂ, ㅍ	마, 바, 파	脣音 입술소리

좀 더 쉽게 설명하자면, 사람의 입속에서 소리를 내는 근원은 어금니(牙), 혀(舌), 목구멍(喉), 이(齒), 입술(脣)의 다섯 기관에 의해 각기 다른 소리를 내는 것이다. 그러면 도표를 이용하여 좀 더 자세하게 발음오행을 알아보자.

3. 발음오행(木·火·土·金·水)의 글자

木(ㄱ·ㅋ)의 글자

가 각 간 갈 감 갑 강 건 걸 격
겸 경 계 고 곤 공 곽 관 광 교
구 국 군 궁 권 귀 규 균 근 금
기 길 김 등

첫머리가 ㄱ으로 만들어진 글자를 말한다.

카 캄 캉 쿠 쾌 등

첫머리가 ㅋ으로 만들어진 글자를 말한다.

해설 ㄱ·ㅋ 발음은 어금니(牙音)소리이며 오행(五行)은 모두 木(나무)이다.

火(ㄴ・ㄷ・ㄹ・ㅌ)의 글자

나 난 남 내 녕 녕 노 능 니 등

첫머리가 ㄴ으로 만들어진 글자를 말한다.

단 달 담 당 대 덕 도 돈 동
두 득 등 등

첫머리가 ㄷ으로 만들어진 글자를 말한다.

라 락 란 람 랑 래 량 려 련 렬
렴 령 례 로 록 룡 류 률 름 릉
리 림 등

첫머리가 ㄹ로 만들어진 글자를 말한다.

타 탁 탄 탐 태 택 탱 토 통 퇴
퇴 특 등

첫머리가 ㅌ으로 만들어진 글자를 말한다.

해설 ㄴ・ㄷ・ㄹ・ㅌ 발음은 혓소리(舌音)이며 오행(五行)은 모두 火(불)이다.

土(ㅇ·ㅎ)의 글자

아	안	애	양	어	언	엄	여	연	열
염	엽	영	예	오	옥	완	외	요	용
우	욱	운	웅	원	월	위	유	육	윤
은	을	음	응	의	이	익	인	일	등

첫머리가 ㅇ으로 만들어진 글자를 말한다.

하	학	한	함	항	행	향	허	헌	혁
현	협	형	혜	호	홍	화	확	환	황
회	효	후	훈	휘	휴	흔	흠	흡	흥
희	등								

첫머리가 ㅎ으로 만들어진 글자를 말한다.

해설 ㅇ·ㅎ 발음은 목구멍(喉音)소리이며 오행(五行)은 모두 土(흙)이다.

金(ㅅ・ㅈ・ㅊ)의 글자

사	산	삼	상	생	서	석	선	설	섭
성	세	소	손	송	수	숙	순	슬	숭
승	시	식	신	실	심	등			

첫머리가 ㅅ으로 만들어진 글자를 말한다.

자	장	재	저	전	점	정	제	조	종
주	죽	준	중	증	지	직	진	집	등

첫머리가 ㅈ으로 만들어진 글자를 말한다.

차	찬	참	창	채	책	천	철	청	초
총	최	추	축	춘	출	충	치	칠	등

첫머리가 ㅊ으로 만들어진 글자를 말한다.

해설 ㅅ・ㅈ・ㅊ 발음은 잇소리(齒音)이며 오행(五行)은 모두 金(쇠)이다.

水(ㅁ · ㅂ · ㅍ)의 글자

마 만 말 매 맹 면 명 모 목 몽
무 묵 문 미 민 등

첫머리가 ㅁ으로 만들어진 글자를 말한다.

박 반 방 배 백 범 법 벽 변 병
보 복 본 봉 부 분 비 빈 등

첫머리가 ㅂ으로 만들어진 글자를 말한다.

파 판 팔 팽 편 평 포 표 풍 피
필 등

첫머리가 ㅍ으로 만들어진 글자를 말한다.

해설 ㅁ · ㅂ · ㅍ 발음은 입술소리(脣音)이며 오행(五行)은 모두 水(물)이다.

16

제 2 장

大運 따르는 이름짓는법

발음오행에 의한 성씨

목성(木姓)

※ 숫자는 한자의 획수를 나타냄(이하동일)

弓 궁	公 공	孔 공	斤 근	介 개
3	4	4	4	4
丘 구	甘 감	曲 곡	吉 길	君 군
5	5	6	6	7
奇 기	具 구	金 김	姜 강	桂 계
8	8	8	9	10
剛 강	高 고	康 강	國 국	强 강
10	10	11	11	11
邱 구	景 경	賈 가	琴 금	箕 기
12	12	13	13	14
菊 국	郭 곽	葛 갈	慶 경	彊 강
14	15	15	15	16
鞠 국	簡 간	權 권		
17	18	22		

해설 첫머리가 ㄱ발음이므로 오행은 木(나무)이 된다.

18

화성(火姓)

乃 내	大 대	太 태	台 태	老 로
2	3	4	5	6
杜 두	奈 나	卓 탁	泰 태	南 남
7	8	8	9	9
唐 당	那 나	梁 량	浪 낭	路 노
10	11	11	11	13
雷 뇌	湯 탕	廉 렴	敦 돈	頓 돈
13	13	13	12	13
端 단	魯 노	劉 류	董 동	彈 탄
14	15	15	15	15
盧 노	道 도	陶 도	都 도	賴 뢰
16	16	16	16	16
濂 렴	羅 나			
17	20			

해설 첫머리가 ㄴ·ㄷ·ㄹ·ㅌ 발음이므로 오행은 火(불)가 된다.

19

토성(土姓)

于 우	也 야	化 화	王 왕	元 원
3	3	4	4	4
尹 윤	永 영	后 후	伊 이	安 안
4	5	6	6	6
玄 현	印 인	任 임	呂 여	余 여
5	6	6	7	7
李 이	吳 오	汝 여	何 하	延 연
7	7	7	7	7
林 임	柳 유	河 하	兪 유	韋 위
8	9	9	9	9
禹 우	姚 요	咸 함	夏 하	芮 예
9	9	9	10	10
邕 옹	洪 홍	袁 원	恩 은	殷 은
10	10	10	10	10
魚 어	海 해	胡 호	許 허	梁 양
11	11	11	11	11

邢 형	黃 황	雲 운	楊 양	雍 옹
11	12	12	13	13
廉 염	阿 아	溫 온	連 연	漢 한
13	13	14	14	15
葉 엽	龍 용	陸 육	燕 연	陰 음
15	16	16	16	16
應 응	襄 양	韓 한	魏 위	嚴 엄
17	17	17	18	20
藝 예				
21				

해설 첫머리가 ㅇ · ㅎ 발음이므로 오행은 土(흙)가 된다.

21

금성(金姓)

丁 정	千 천	水 수	天 천	史 사
2	3	4	4	5
石 석	申 신	田 전	占 점	西 서
5	5	5	5	6
朱 주	先 선	全 전	車 차	辛 신
6	6	6	7	7
宋 송	池 지	成 성	周 주	舍 사
7	7	7	8	8
采 채	昔 석	昇 승	昌 창	宗 종
8	8	8	8	8
承 승	尙 상	沈 심	秋 추	施 시
8	8	8	9	9
肖 초	俊 준	星 성	徐 서	洙 수
9	9	9	10	10
晋 진	秦 진	眞 진	孫 손	曹 조
10	10	10	10	10

崔 최	張 장	章 장	邵 소	智 지
11	11	11	12	12
善 선	淳 순	舜 순	荀 순	程 정
12	12	12	12	12
森 삼	楚 초	趙 조	愼 신	菜 채
12	13	14	14	14
慈 자	碩 석	陣 진	諸 제	蔡 채
14	14	16	16	17
謝 사	蔣 장	鄭 정	薛 설	蘇 소
17	17	19	19	22

해설 첫머리가 ㅅ · ㅈ · ㅊ 발음이므로 오행은 金(쇠)이 된다.

수성(水姓)

卜 복	凡 범	毛 모	夫 부	片 편
2	3	4	4	4
卞 변	文 문	方 방	皮 피	包 포
4	4	4	5	5
白 백	平 평	牟 모	米 미	朴 박
5	5	6	6	6
判 판	奉 봉	明 명	孟 맹	房 방
7	8	8	8	8
表 표	扁 편	馬 마	邦 방	班 반
9	9	10	11	11
梅 매	范 범	閔 민	彭 팽	馮 풍
11	11	12	12	12
睦 목	裵 배	鳳 봉	萬 만	潘 반
13	14	14	15	16
邊 변				
22				

해설 첫머리가 ㅁ·ㅂ·ㅍ 발음이므로 오행은 水(물)가 된다.

두자성(二字姓)

乙支	東方	司空	西門
을지	동방	사공	서문
5	12	13	14
公孫	司馬	皇甫	南宮
공손	사마	황보	남궁
14	15	16	19
鮮于	獨孤	諸葛	
선우	독고	제갈	
20	25	31	

해설 두자성은 끝 발음이 오행이 된다.

아래의 표를 참조하면 된다.

오행	성(姓)
木	사공 · 남궁 · 독고 · 제갈
土	선우
金	을지 · 공손
水	동방 · 서문 · 사마 · 황보

2. 발음오행(發音五行) 해설

지금까지 배운 발음오행을 알기 쉽게 정리해보자.

문재인(水 金 土)

- 문은(ㅁ, ㅂ, ㅍ)에 해당되니 水(물)가 되며
- 재는(ㅅ, ㅈ, ㅊ)에 해당되니 金(쇠)이 되며
- 인은(ㅇ, ㅎ)에 해당되니 土(흙)가 된다

김영란(木 土 火)

- 김은(ㄱ, ㅋ)에 해당되니 木(나무)이 되며
- 영은(ㅇ, ㅎ)에 해당되니 土(흙)가 되며
- 란은(ㄴ, ㄷ, ㄹ, ㅌ)에 해당되니 火(불)가 된다

홍준표(土 金 水)

- 홍은(ㅇ, ㅎ)에 해당되니 土(흙)가 되며
- 준은(ㅅ, ㅈ, ㅊ)에 해당되니 金(쇠)이 되며
- 표는(ㅁ, ㅂ, ㅍ)에 해당되니 水(물)가 된다

이수만(土 金 水)

- 이는(ㅇ, ㅎ)에 해당되니 土(흙)가 되며
- 수는(ㅅ, ㅈ, ㅊ)에 해당되니 金(쇠)이 되며
- 만은(ㅁ, ㅂ, ㅍ)에 해당되니 水(물)가 된다

나경원(火 木 土)

- 나는(ㄴ, ㄷ, ㄹ, ㅌ)에 해당되니 火(불)가 되며
- 경은(ㄱ, ㅋ)에 해당되니 木(나무)이 되며
- 원은(ㅇ, ㅎ)에 해당되니 土(흙)가 된다

염경만(土 木 水)

- 염은(ㅇ, ㅎ)에 해당되니 土(흙)가 되며
- 경은(ㄱ, ㅋ)에 해당되니 木(나무)이 되며
- 만은(ㅁ, ㅂ, ㅍ)에 해당되니 水(물)가 된다

사공 일(木 土)

- 사공은(ㄱ, ㅋ)에 해당되니 木(나무)이 되며
- 일은(ㅇ, ㅎ)에 해당되니 土(흙)가 된다

제3장

획수오행에 의한 성씨

大運 따르는 이름짓는 법

1. 획수오행(劃數五行) 도표

획수	1 · 2	3 · 4	5 · 6	7 · 8	9 · 10
오행	木	火	土	金	水

한글은 소리글자이고, 한문(漢文)은 뜻글자이기 때문에 대부분의 사람들이 작명, 상호를 지을 경우 한문으로 이름을 짓게 되는데, 한문은 획수(劃數)를 중요시한다. 획수에는 오행(五行)이 있으며 오행(木 · 火 · 土 · 金 · 水)을 알아야 좋은 이름을 지을 수 있다.

다음 도표를 통해 획수오행을 좀 더 쉽게 알아보자.

木	1 · 2 · 11 · 12 · 21 · 22 · 31 · 32 · 41 · 42 · 51 · 52획 등
火	3 · 4 · 13 · 14 · 23 · 24 · 33 · 34 · 43 · 44 · 53 · 54획 등
土	5 · 6 · 15 · 16 · 25 · 26 · 35 · 36 · 45 · 46 · 55 · 56획 등
金	7 · 8 · 17 · 18 · 27 · 28 · 37 · 38 · 47 · 48 · 57 · 58획 등
水	9 · 10 · 19 · 20 · 29 · 30 · 39 · 40 · 49 · 50 · 59 · 60획 등

좀 더 쉽게 설명하자면 끝자리 획수가

- 1 · 2획은 木
- 3 · 4획은 火
- 5 · 6획은 土
- 7 · 8획은 金
- 9 · 10획은 水가 된다.

2. 음양(陰陽) 도표

음(陰)	2	4	6	8	10획
양(陽)	1	3	5	7	9획

세상만물은 음양(陰陽)과 더불어 살아가게 되어 있으며 음과 양의 적절한 상태가 유지되어야 조화를 이룰 수 있는 것이다.

이름도 마찬가지로 짝수(2. 4. 6. 8. 10)는 음이요, 홀수(1. 3. 5. 7. 9)는 양인데 획수(劃數)의 음양이 배합(配合)되어야 좋은 것이다.

좀 더 쉽게 설명하자면 이름의 뜻이 좋아도 획수의 배합이 모두 음(陰)이 되거나 양(陽)이 되면 흉하다.

李 7획   永 5획   俊 9획

〇 글자의 뜻은 좋으나 모두 양이니 흉(凶)하다.

朴 6획   斗 4획   榮 14획

〇 글자의 뜻은 좋으나 모두 음이니 흉(凶)하다.

그러면 이름을 어떻게 지어야 하는가?

| 음양음 | 음음양 | 음양양 |

➡ 음양이 적절하게 배합되어 있으니 길(吉)하다.

| 양음양 | 양양음 | 양음음 |

➡ 음양이 적절하게 배합되어 있으니 길(吉)하다.

자, 그럼 획수오행과 음양을 배웠으니 획수오행별로 총정리한 성씨 (姓氏)를 알아보자.

목성(木姓)

丁 2	乃 2	卜 2	力 2	又 2
고무래 정	이내 내	점 복	힘 력	또 우
國 11	康 11	強 11	魚 11	海 11
나라 국	편안 강	굳셀 강	고기 어	바다 해
胡 11	許 11	梁 11	邢 11	崔 11
어찌 호	허락할 허	들보 양	나라 형	높을 최
張 11	章 11	邦 11	班 11	梅 11
베풀 장	글자 장	나라 방	나눌 반	매화 매
范 11	邱 12	景 12	敦 12	黃 12
법 범	언덕 구	볕 경	도타울 돈	누루 황
雲 12	智 12	善 12	淳 12	舜 12
구름 운	지혜 지	착할 선	순박할 순	임금 순
筍 12	程 12	森 12	閔 12	彭 12
성 순	법 정	빽빽할 삼	성 민	성 팽

馮 12	東 方 12	藝 21	權 22
성 풍	동녘 동 모 방	재주 예	권세 권

蘇 22	邊 22	諸 葛 31	
깨어날 소	가 변	모두 제 칡 갈	

◉ 끝자리 획수가 1, 2획에 해당되므로 오행은 木(나무)이 된다.

화성(火姓)

大 3	弓 3	凡 3	千 3	于 3
큰 대	활 궁	무릇 범	일천 천	어조사 우
也 3	公 4	孔 4	斤 4	介 4
이끼 야	귀인 공	구멍 공	날 근	중매할 개
太 4	化 4	王 4	元 4	尹 4
클 태	화할 화	임금 왕	으뜸 원	성 윤
水 4	天 4	毛 4	夫 4	片 4
물 수	하늘 천	터럭 모	지아비 부	조각 편
卞 4	文 4	方 4	賈 13	琴 13
꼭지 변	글월 문	모 방	값 가	거문고 금
路 13	雷 13	湯 13	廉 13	頓 13
길 로	우레 뢰	끓을 탕	청렴 렴	조아릴 돈
楊 13	雍 13	阿 13	楚 13	睦 13
버들 양	화할 옹	언덕 아	나라 초	화목 목

司	空 13.	箕 14	菊 14	端 14
맡을 사	빌 공	키 기	국화 국	끝 단
溫 14	連 14	趙 14	愼 14	菜 14
따뜻할 온	연할 연	나라 조	삼갈 신	나물 채
慈 14	碩 14	裵 14	鳳 14	
사랑할 자	클 석	성 배	새 봉	
西	門 14	公	孫 14	
서쪽 서	문 문	귀인 공	손자 손	

➲ 끝자리 획수가 3, 4획에 해당되므로 오행은 火(불)가 된다.

토성(土姓)

田 5 밭 전	丘 5 언덕 구	甘 5 달 감	台 5 별 태	永 5 길 영
玄 5 검을 현	史 5 사기 사	石 5 돌 석	申 5 납 신	占 5 점칠 점
皮 5 가죽 피	包 5 쌀 포	白 5 흰 백	平 5 평평할 평	吉 6 길할 길
乙 새 을	支 5 지탱할 지	曲 6 굽을 곡	老 6 늙을 로	后 6 황후 후
伊 6 저 이	安 6 편안할 안	印 6 도장 인	任 6 맡을 임	西 6 서쪽 서
朱 6 붉을 주	先 6 먼저 선	全 6 온전할 전	牟 6 클 모	米 6 쌀 미
朴 6 성 박	郭 15 성 곽	葛 15 칡 갈	慶 15 경사 경	魯 15 나라 노

劉 15	董 15	彈 15	漢 15	葉 15
묘금도 류	감독할 동	탄알 탄	물이름 한	잎 엽
萬 15	司	馬 15	彊 16	盧 16
일만 만	맡을 사	말 마	강할 강	성 노
道 16	陶 16	都 16	賴 16	龍 16
길 도	질그릇 도	도읍 도	입을 뢰	용 룡
陸 16	燕 16	陰 16	陳 16	諸 16
뭍 륙	제비 연	그늘 음	베풀 진	모두 제˙
潘 16	皇	甫 16	獨 16	孤 25
물이름 반	임금 황	클 보	홀로 독	홀로 고

◐ 끝자리 획수가 5, 6획에 해당되므로 오행은 土(흙)가 된다.

금성(金姓)

君 7	杜 7	呂 7	李 7	吳 7
임금 군	막을 두	성 여	오얏 리	나라 오
汝 7	余 7	延 7	何 7	車 7
너 여	남을 여	맞을 연	어찌 하	성 차
辛 7	宋 7	成 7	池 7	判 7
매울 신	나라 송	이룰 성	못 지	쪼갤 판
具 8	奇 8	金 8	奈 8	卓 8
갖출 구	기이할 기	성 김	어찌 나	높을 탁
林 8	周 8	舍 8	采 8	昔 8
수풀 임	두루 주	집 사	캘 채	옛 석
昇 8	昌 8	宗 8	承 8	尙 8
오를 승	창성 창	마루 종	이을 승	오히려 상
沈 8	奉 8	明 8	鞠 17	應 17
성 심	받들 봉	밝을 명	기를 국	응할 응

襄 17	韓 17	蔡 17	謝 17	蔣 17
오를 양	나라 한	나라 채	사례할 사	풀 장
簡 18	魏 18			
편지 간	나라 위			

◐ 끝자리 획수가 7 · 8획에 해당되므로 오행은 金(쇠)이 된다.

수성(水姓)

姜 9	南 9	泰 9	柳 9	河 9
성 강	남녘 남	클 태	버들 류	물 하
俞 9	韋 9	禹 9	姚 9	咸 9
성 유	가죽 위	임금 우	예쁠 요	다 함
秋 9	施 9	肖 9	星 9	俊 9
가을 추	베풀 시	같을 초	별 성	준걸 준
表 9	扁 9	桂 10	剛 10	高 10
겉 표	편편할 편	계수나무 계	굳셀 강	높을 고
唐 10	夏 10	芮 10	邕 10	洪 10
당나라 당	여름 하	나라 예	화할 옹	넓을 홍
袁 10	恩 10	殷 10	徐 10	洙 10
성 원	은혜 은	나라 은	천천히 서	물가 수
晋 10	孫 10	秦 10	曺 10	眞 10
나라 진	손자 손	나라 진	성 조	참 진

馬 10	鄭 19	薛 19	南	宮 19
말 마	나라 정	나라 설	남녘 남	집 궁
羅 20	嚴 20	鮮	于 20	
벌릴 라	엄할 엄	빛날 선	어조사 우	

◑ 끝자리 획수가 9, 10획에 해당되므로 오행은 水(물)가 된다.

4. 획수오행(劃數五行) 해설

지금까지 배운 획수오행을 알기 쉽게 정리해보자.

朴	亨	埈
(성 박, 6획)	(형통할 형, 7획)	(높을 준, 10획)

(朴) 5 · 6획에 해당되니 土가 되며

(亨) 7 · 8획에 해당되니 金이 되며

(埈) 9 · 10획에 해당되니 水가 된다.

金	榮	喆
(성 김, 8획)	(영화 영, 14획)	(밝을 철, 12획)

金 7 · 8획에 해당되니 金이 되며

榮 3 · 4획에 해당되니 火가 되며

喆 1 · 2획에 해당되니 木이 된다.

자, 그럼 획수오행을 배웠으니 그 다음에는 가장 중요한 상생(相生), 상극(相剋)을 알아야 한다.

사람도 사이좋게 지내는 사람이 있는가 하면, 싸우며 지내는 사람이 있듯이 이름도 마찬가지로 상생(相生)은 좋은(吉) 것이고, 상극(相剋)은 나쁜(凶) 것이다.

그러면 상생, 상극을 알아보자.

제4장

상생 相生과 상극 相剋

大運 따르는 이름짓는법

1. 상생(相生)과 상극(相剋) 도표

상생	木생火	火생土	土생金	金생水	水생木
상극	木극土	土극水	水극火	火극金	金극木
상비	木비木	火비火	土비土	金비金	水비水

상생은 생(生)하여 돕는 것이고, 상극은 극(剋)하여 도움이 안 되는 것이며, 상비는 생(生)도 극(剋)도 아닌 동기(同氣)가 협력하는 것이다.

그러면 오행의 상생, 상극을 좀 더 쉽게 알아보자.

2. 상생(相生) 해설

● 木은 火를 생한다(木생火)

좀 더 쉽게 설명하자면 목은 나무인데 나무는 무엇을 도와주는가? 火를 돕는다.

왜냐하면 불(火)이 활활 타기 위해서는 나무(木)가 있어야 타는 것이지 불 자체로서는 탈 수 없기 때문이다.

● 火는 土를 생한다(火생土)

火는 불인데 불은 무엇을 도와주는가? 土를 돕는다. 왜냐하면 꽁꽁 얼어붙은 땅에다 씨앗을 뿌리거나 나무를 심으면 얼어 죽는데 흙은 따뜻한 온도가 유지되어야 흙(土)의 구실을 할 수 있기 때문이다.

잘 이해가 안 된다면 비닐하우스를 생각하면 이해가 빠르다. 한겨울에도 적당한 온도를 유지해주면 채소, 과일, 나무 등이 잘 자라기 때문이다.

● 土는 金을 생한다(土생金)

土는 흙인데 흙은 무엇을 도와주는가? 金을 돕는다. 왜냐하면 금이란 여러 가지 광물질(금, 은, 동, 철 등)이고, 이와 같은 물질은 흙(土)속에서 적당한 습기와 토질에 의하여 형성되기 때문이다.

● 金은 水를 생한다(金생水)

金은 암반(巖盤) 또는 광물질인데 金은 무엇을 도와주는가? 水를 돕는다.

왜냐하면, 진흙이나 모래땅 사이에서 솟아나는 물(水)은 3등급이다. 층층암반이 많이 있는 곳에서 솟아나는 물이 1등급이기 때문이다.

● 水는 木을 생한다(水생木)

水는 물인데 물은 무엇을 도와주는가? 木을 돕는다. 왜냐하면 나무나 식물이 자라는 데는 물(水)이 있어야 하기 때문이다.

3. 상극(相剋) 해설

● 木은 土를 극한다(木극土)

좀 더 쉽게 설명하자면 木은 나무인데 나무는 무엇을 극하는가? 土

를 극한다.

왜냐하면 흙(土) 속에 들어있는 습기와 영양분을 나무(木)에게 빼앗기게 되므로 극이 된다.

● 土는 水를 극한다(土극水)

土는 흙인데 흙은 무엇을 극하는가? 水를 극한다. 왜냐하면 많은 양의 물(水)을 조절할 수 있는 것은 흙이므로 극이 된다.

● 水는 火를 극한다(水극火)

水는 물인데 물은 무엇을 극하는가? 火를 극한다. 왜냐하면 불(火)의 위력이 강하다 해도 많은 물(水) 앞에서는 꺼지기 때문이다.

● 火는 金을 극한다(火극金)

火는 불인데 무엇을 극하는가? 金을 극한다. 왜냐하면 모든 정성을 모아 아무리 강하게 만든 쇠(金)도 불(火) 속에서는 형체가 변화되기 때문이다.

● 金은 木을 극한다(金극木)

金은 쇠붙이인데 쇠는 무엇을 극하는가? 木을 극한다. 왜냐하면 아무리 크고 억센 나무도 도끼나 톱 앞에서는 꼼짝을 못하기 때문이다.

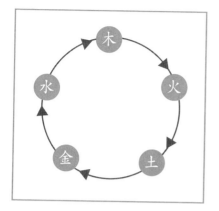

오행상생도

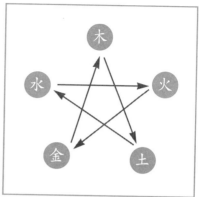

오행상극도

제5장

이름의 상생과 상극배치

오행(木, 火, 土, 金, 水)의 상생(相生)과 상극(相剋)을 알아야 좋은 이름을 지을 수 있다.

시간이 허락한다면 상생과 상극을 확실히 알고 나서 제6장 복(福)트인 이름짓는법 페이지를 넘겨봐야 한다. 그러나 성격이 급한 독자 여러분들 중에는 짧은 시간에 상생, 상극을 외우려고 하니 마음은 급하고 이거야 원! 솔직히 말해서 소주 한 잔 걸치고 싶은 생각에 공부가 잘 안 되는데 외우지 않고도 쉽게 알 수 있는 방법이 좀 없겠느냐고 하시는 분들을 위해서 상생, 상극배치도를 수록하였으니 많이 활용하길 바란다.

1. 이름의 상생(相生) 배치도

二字姓名

오행	상생	
木	火	水
火	土	木
土	金	火
金	水	土
水	木	金

三字姓名

오행	상생			
木	木木火	木火火	木木水	木水木
	木火土	木水金	木火木	木水水
火	火土金	火土火	火土土	火火土
	火木水	火木木	火火木	火木火
土	土金水	土金土	土土火	土土金
	土火木	土金金	土火土	土火火
金	金水木	金土金	金金土	金金水
	金土火	金水金	金土土	金水水
水	水木火	水金水	水水金	水木水
	水金土	水水木	水金金	水木木

이상은 상생(相生)이므로 모두 좋은(吉) 배치이다.

2. 이름의 상극(相剋) 배치도

二字姓名

오행	상극
木	土 金
火	金 水
土	水 木
金	木 火
水	火 土

三字姓名

오행	상극			
木	木木土	木木金	木土土	木金木
	木土木	木金金	木土水	木金火
火	火火金	火火水	火金金	火水火
	火金火	火水水	火金木	火水土
土	土土水	土土木	土木木	土水水
	土木土	土水土	土水火	土木金
金	金金木	金金火	金木木	金火金
	金木金	金火火	金木土	金火水
水	水水火	水水土	水火火	水土水
	水土土	水火金	水土木	水火水

이상은 상극(相剋)이므로 모두 나쁜(凶) 배치이다.

3. 이름의 생극(生剋) 혼합배치도

오행	생극혼합			
木	木土火	木火水	木水火	木金土
	木火金	木金水	木土金	木水土
火	火水木	火金土	火木土	火土木
	火金水	火木金	火水金	火土水
土	土木火	土水金	土火金	土金火
	土水木	土火水	土木水	土金木
金	金火土	金木水	金土水	金水土
	金木火	金土木	金火木	金水火
水	水土金	水火木	水金木	水木金
	水火土	水金火	水土火	水木土

이상은 생극(生剋) 혼합이므로, 길흉(吉凶)이 상반(相半)작용을 한
다.

56

4. 이름의 상생과 상극 해설

지금까지 배운 상생, 상극을 알기 쉽게 정리해 보자.

문재인(水金土)

③ ② ①

❶ 土 ❷ 金 ❸ 水

→ 土생 金생 水가 되니 길(吉)하다

반기문(水木水)

① ② ③

❶ 水 ❷ 木 ❸ 水

→ 水생木, 水생木이 되니 길(吉)하다

트럼프(火火水)

① ② ③

❶ 火 ❷ 火 ❸ 水

→ 水극火, 水극火가 되니 흉(凶)하다

※ 불(火)은 2개이고 물(水)은 1개이니 한세상 사는 동안 적수가 많고 늘 구설수가 따르는 이름이다.

김영란(木土火)

❶木 ❷火 ❸土

→ 木생火, 火생土가 되니 길(吉)하다

이수만(土金水)

❶土 ❷金 ❸水

→ 土생金, 金생水가 되니 길(吉)하다

홍준표(土金水)

❶土 ❷金 ❸水

→ 土생金, 金생水가 되니 길(吉)하다

박태환(水火土)

❶水 ❷火 ❸土

→ 水극火, 火생土, 火는 土를 생하는데 火는 水가 극하니 한세상 사는 동안 고난과 시련이 많이 따르는 이름이다.

5. 회사명(會社名)의 상생과 상극 해설

삼성(金金) ❶ ❷

❶ 金 ❷ 金

→ 金과 金은 생(生)도 극(剋)도 아닌 동기(同氣)가 협력하는 것이니 길(吉)하다.

현대(土火) ❷ ❶

❶ 火 ❷ 土

→ 火생土가 되니 길(吉)하다

빙그레(水木火) ❶ ❷ ❸

❶ 水 ❷ 木 ❸ 火

→ 水생木 생火가 되니 길(吉)하다

진로(金火)

❶火 ❷金

→ 火극金이 되니 흉(凶)하다

국민(木水)

❶水 ❷木

→ 水생木이 되니 길(吉)하다

롯데(火火)

❶火 ❷火

→ 火와 火는 생(生)도 극(剋)도 아닌 동기(同氣)가 협력하는 것이니
길(吉)하다

교보(木水)

❶水 ❷木

→ 水생木이 되니 길(吉)하다

제6장

복福트인 이름짓는법

大運 따르는 이름짓는법

1. 작명시(作名時) 주의사항

첫째, 두 가지 발음을 내는 글자는 피해야 한다.

例 龜(귀, 구)   宅(택, 댁)   度(도, 탁)   省(성, 생)
  識(식, 지)   參(삼, 참)   行(행, 항)   畫(화, 획) 등

둘째, 성(姓)과 발음이 같은 글자는 피해야 한다.

例 강강수(姜康洙) 등

셋째, 별명이 되는 이름 또는 천박한 이름은 피해야 한다. 예를 들면,

例 주근애(朱根愛)   조진애(趙眞愛)   황천길(黃天吉)
  주근자(朱根子)   주정근(朱正根)   조진걸(趙鎭杰) 등

또한, 계절을 뜻하는 춘하추동(春夏秋冬)에 관한 글자를 피하는 것이 좋다. 예를 들면,

例 춘수(春洙)   춘일(春一)   춘숙(春淑)   춘희(春姬)
  춘자(春子)   영춘(榮春)   규하(奎夏)   진하(珍夏)
  하영(夏榮)   하정(夏貞)   하자(夏子)   추미(秋美)
  추자(秋子)   추영(秋英)   동숙(冬淑)   동수(冬洙)   동태(冬泰) 등

이러한 글자를 사용하면 재물운도, 명예운도 일시적이다. 왜냐하면 봄, 여름, 가을, 겨울이 잠시 머물다 가듯이 운명도 이름처럼 작용할 확률이 높으므로 사용하지 않는 것이 좋다.
또한 복래(福來)는 봉내로 발음이 되며, 석만(錫萬)은 성만으로 발음이 되는 글자 등은 본래의 뜻이 불리어지지 않으므로 피하는 것이 좋다.

넷째, 새, 짐승, 벌레, 물고기 등을 상징하는 글자 또한 신체부위에 속하는 글자 등은 피해야 한다.

다섯째, 윗분(조상님)이 사용한 글자(함자)는 피해야 한다.

2. 성명(姓名)에 불길(不吉)한 문자

대부분의 사람들이 한자(漢字)로 이름을 짓게 되는데 다음 한자들은 성명학에서 불길(不吉)하다고 통계적으로 나와 있는 문자(文字)로 될 수 있으면 이름을 지을 때 피하는 것이 좋으니 참고하기 바란다.

자존심이 대단히 강하여 남에게 굽히기를 싫어하고 바른말을 잘하며 관재, 구설이 많이 따르고 재물복이 없으며 질병으로 고생하는 글자이다. 단, 수(水)가 용신(用神)이면 대길하다.

고집이 세고 허영심이 많아 체면치레하기를 좋아한다. 또한 질병으로 고생하거나 단명할 우려가 있고 배우자와 이혼 또는 사별하게 되며 고독한 글자이다. 단, 토(土)가 용신이면 대길하다.

光
빛 광

명예욕이 강하여 크고 작은 일에 앞장서지 않고는 견디지 못하는 성격이다. 또한 부모덕·형제덕이 없으며, 배우자와의 이혼 또는 사별하게 되며, 질병으로 고생하는 글자이다. 단, 목(木)이 용신이면 대길하다.

인정이 없으며 고집이 있어서 자주 충돌을 일으키는 성격이다. 또한 부모덕이 없으며, 부부이별, 관재, 구설 등 근심 걱정이 떠나지 않는 글자이다. 단, 수(水)가 용신이면 대길하다.

國
나라 국

성격이 무뚝뚝하고 바른말을 잘하며, 사교성이 부족하다. 또한 한때의 성공과 발전은 있으나 오래 지속되지 못하고 실패하며 인덕이 없으니 배신을 자주 당하며 고독한 글자이다. 단, 금(金)이 용신이면 대길하다.

貴
귀할 귀

자존심이 대단히 강하여 남에게 굽히기를 싫어하고, 바른말을 잘하며 인정이 없고 변덕이 심하다. 또한 투기, 투자, 동업, 보증, 금전거래에 실패가 많으며 배우자 복이 없는 글자이다.

고집이 세고 신경질이 많으며 감정이 예민하다. 또한 부모덕이 없으며 관재, 구설, 손재, 파산, 파직, 형액, 이성문제 등으로 풍파가 많고 배우자 덕이 없는 글자이다.

錦
비단 금

한때의 성공과 발전은 있으나 오래 지속되지 못하고 결국은 실패, 파직, 파산, 배우자와의 이혼, 사별 등의 액운을 겪는 글자이다. 단, 토(土)가 용신이면 대길하다.

吉
길할 길

참을성이 부족하고 인정이 없으며 신경이 예민하다. 또한 허영심이 많고 질투심이 많으며 부부이혼, 사별 또는 질병 등으로 고난이 따르는 글자이다. 단, 목(木)이 용신이면 대길하다.

男
사내 남

남에게 뒤지기를 싫어하여 허세를 잘 부리며 변덕이 심하다. 또한 배우자 덕이 없으며 가정에 불화가 자주 일어나고 자손이 불효하는 글자이다. 단, 금(金)이 용신이면 대길하다.

南
남녘 남

성격이 급하고 인정이 없으며 매사에 끈기가 부족하다. 또한 고집이 세고 허영심이 많으며 질병으로 고생하거나 배우자복이 없는 글자이다. 단, 토(土)가 용신이면 대길하다.

桃
복숭아 도

인덕이 없으니 자주 배신을 당하고 관재, 구설이 많이 따르며 배우자와의 이혼 또는 사별하거나 질병으로 고생하며 자손이 불효하는 글자이다. 단, 토(土)가 용신이면 대길하다.

乭
이름 돌

한때의 성공과 발전은 있으나 오래 지속되지 못하고 결국은 실패하며 인덕이 없으니 자주 배신을 당하며 고독한 글자이다. 단, 토(土)가 용신이면 대길하다.

冬
겨울 동

감정이 예민하고 신경질이 많으며 책임감이 부족하다. 또한 변덕이 심하고 인정이 없으며 융통성이 부족하다. 남녀모두 관재, 구설, 송사, 파산, 파직, 이성문제 등으로 풍파가 많으며 배우자 복이 없는 글자이다.

蘭
난초 란

약삭빠르고 남의 일에 참견을 잘하며 말만 앞세우고 실천력이 없다. 또한 변덕이 죽 끓듯 하고 매사를 즉흥적으로 처리하는 성격이며 질투심이 많다. 특히 배우자 복이 없는 글자이다.

末
끝 말

성질이 급하고 참을성이 없다. 허영심이 많아 실속은 없으면서 체면치레하기를 좋아한다.
또한 실직, 사업실패, 가정불화 또는 배우자와의 이혼, 사별 등의 고난을 겪는 글자이다. 단, 토(土)가 용신이면 대길하다.

梅
매화 매

재주가 많으나 인덕이 없으니 알아주는 사람이 없고 하루아침에 망하고 다시 또 일어선다. 배우자 복이 없으며 고독한 글자이다. 단, 목(木)이 용신이면 대길하다.

明
밝을 명

자존심이 강하여 남에게 굽히기를 싫어하며 허영심이 많고 책임감이 부족하다. 인덕이 없으니 자주 배신을 당하며 관재, 구설이 많이 따르고 질병으로 고생할 우려가 있는 글자이다. 단, 토(土)가 용신이면 대길하다.

美
아름다울 미

신경이 예민하고 의심이 많으며 매사에 소극적이다. 부모덕이 없으며 큰 병을 앓거나 수술을 하게 되고 가정불화, 사업실패, 형액 등을 겪는 글자이다. 단, 목(木)이 용신이면 대길하다.

富
부자 부

허영심이 많고 질투심이 많으며, 인덕이 없으니 자주 배신을 당하고 부부이혼, 사별 또는 질병 등으로 고난이 따르는 글자이다. 단, 금(金)이 용신이면 대길하다.

分
나눌 분

재주는 많으나 성격이 급하고 끈기가 부족하다. 부모덕이 없으며 가정불화, 이혼, 사별, 사업실패 등을 겪는 글자이다. 단, 화(火)가 용신이면 대길하다.

粉
가루 분

명예욕이 강하여 크고 작은 일에 앞장서지 않고는 견디지 못하는 성격이다. 그러나 인덕이 없으니 자주 배신을 당하며 배우자와 이혼, 사별 또는 질병 등의 고난이 따르는 글자이다. 단, 수(水)가 용신이면 대길하다.

성격이 까다롭고 의심이 많으며, 무슨 일이든 결단성 있게 밀고 나가지 못하고 망설이다가 번번이 기회를 놓친다. 관재, 구설이 많이 따르며 재물복이 없는 글자이다. 단, 토(土)가 용신이면 대길하다.

고집이 세고 질투심이 많으며 변덕이 심하다. 하는 일마다 막힘이 많고 관재, 구설, 송사, 형액, 사업실패 등의 고난이 따르며, 결혼운도 좋지 않은 글자이다. 단 목(木)이 용신이면 대길하다.

매사를 즉흥적으로 처리하는 성격이며 끈기가 없고 낭비가 심하며 가정불화, 이혼, 사별 또는 질병으로 고생하는 글자이다. 단, 화(火)가 용신이면 대길하다.

石
돌 석

부모의 유산이 있을지라도 하고자 하는 일마다 성사가 어려워 탕진하기 쉬우며, 또한 질병으로 고생하거나 단명할 우려가 있는 글자이다. 단, 토(土)가 용신이면 대길하다.

仙
신선 선

변덕이 심하고 인정이 없으며 융통성이 부족하다. 가정불화, 이혼, 사별 또는 질병 등으로 고난이 따르며, 재물복이 없는 글자이다. 단, 토(土)가 용신이면 대길하다.

雪
눈 설

한때의 성공과 발전은 있으나 오래 지속되지 못하고 결국은 실패하며 인덕이 없으니 자주 배신을 당하며 고독한 글자이다. 단, 수(水)가 용신이면 대길하다.

星
별 성

자존심이 대단히 강하여 남에게 굽히기를 싫어하며 변덕이 심하다. 배우자 덕이 없으니 고독하게 살아가며 재물복이 없는 글자이다. 단, 수(水)가 용신이면 대길하다.

松
솔 송

성격이 급하고 신경질적이며 끈기가 부족하다. 투기, 투자, 동업, 보증, 금전거래에 실패가 많으며 배우자와 이혼, 사별 또는 질병 등의 고난이 따르는 글자이다. 단, 토(土)가 용신이면 대길하다.

壽
목숨 수

성격이 무뚝뚝하고 바른말을 잘하며 융통성이 부족하다. 재물복이 없으며 부부가 생이별하여 고독하게 살아가는 글자이다. 단, 목(木)이 용신이면 대길하다.

淑
맑을 숙

자존심이 강하고 독선적이며 변덕이 심하여 자주 충돌이 일어나는 성격이다. 남편 덕이 없으며 질병으로 고생하는 글자이다. 단, 토(土)가 용신이면 대길하다.

順
순할 순

고집이 세고 질투심이 많으며 변덕이 심하다. 하는 일마다 막힘이 많고 투기, 투자, 동업, 보증, 금전거래에 실패가 많으며 배우자 덕이 없으니 고독한 글자이다. 단, 토

(土)가 용신이면 대길하다.

성격이 급하고 허영심이 많으며 매사에 끈기가 없다. 부모덕이 없으며 배우자와의 이혼, 이별 등의 고난이 따르고 재물복이 없는 글자이다. 단, 수(水)가 용신이면 대길하다.

매사를 즉흥적으로 처리하는 성격이며 끈기가 없고 허영심이 많다. 배우자 덕이 없으니 가정불화가 끊일 날이 없으며 고독한 글자이다. 단, 토(土)가 용신이면 대길하다.

성격이 급하고 인정이 없으며 매사에 끈기가 부족하다. 관재, 구설, 손재, 형액, 이성문제 등으로 풍파가 많으며 배우자 덕이 없으니 고독한 글자이다. 단 토(土)가 용신이면 대길하다.

자존심이 대단히 강하여 남에게 굽히기를 싫어하며 인정이 없고 변덕이 심하다. 또한 투기, 투자, 동업, 보증, 금전거래에 실패가 많으며 재물복이 없는 글자이다.

愛
사랑 애

성격이 무뚝뚝하고 바른말을 잘하며 융통성이 없고 끈기가 부족하다. 관재, 구설, 손재, 송사, 파산, 파직, 형액, 이성문제 등으로 풍파가 많으며 자손이 불효하는 글자이다. 단, 토(土)가 용신이면 대길하다.

女
계집 여

자존심이 강하고 독선적이며 변덕이 심하여 자주 충돌이 일어나는 성격이다. 투기, 투자, 보증, 동업, 금전거래에 실패가 많으며 재물복이 없는 글자이다. 단, 수(水)가 용신이면 대길하다.

禮
예도 예
예도 례

성격이 급하고 인정이 없으며 완강한 고집이 있어서 자주 충돌이 일어나는 성격이다. 인덕이 없으니 자주 배신을 당하며 배우자와의 이혼, 사별 또는 질병 등으로 풍파를 겪으니 고독한 글자이다. 단, 목(木)이 용신이면 대길하다.

玉
구슬 옥

한때의 성공과 발전은 있으나 오래 지속되지 못하고 결국은 실패하며 인덕이 없으니 자주 배신을 당하며 고독한 글자이다. 단, 토(土)가 용신이면 대길하다.

龍
용 용·룡

허영심이 많고 끈기가 없으며 융통성이 부족하다. 부모덕, 형제덕이 없으며 관재, 구설, 실직, 사업실패 등으로 고난이 따르며 배우자 덕이 없으니 고독한 글자이다. 단, 수(水)가 용신이면 대길하다.

雲
구름 운

성격이 무뚝뚝하고 융통성이 없으며 끈기가 부족하다. 관재, 구설, 송사, 파직, 형액, 이성문제 등으로 풍파가 많으며 배우자 덕이 없으니 고독한 글자이다. 단, 토(土)가 용신이면 대길하다.

月
달 월

부모의 유산이 있을지라도 하고자하는 일마다 성사가 어려워 탕진하기 쉬우며 관재, 구설이 많이 따르고 질병으로 고생하거나 단명할 우려가 있는 글자이다. 단, 수(水)가 용신이면 대길하다.

銀
은 은

성격이 불같이 급하고 매사를 즉흥적으로 처리하는 성격이다. 부모덕이 없고 타향살이를 하게 되며 가정불화, 배우자와의 이혼, 사별 등의 액운을 겪으며, 고독하게 살아가는 글자이다. 단, 수(水)가 용신이면 대길하다.

仁
어질 인

융통성이 부족하고 인정이 없으며 신경이 예민하다. 투기, 투자, 보증, 동업, 금전거래 등에 실패가 많으며 배우자 덕이 없으니 고독한 글자이다. 단, 수(水)가 용신이면 대길하다.

一
한 일

고집이 세고 신경질이 많으며 감정이 예민하다. 부모덕이 없으며 관재, 구설, 손재, 파산, 파직, 형액, 이성문제 등으로 풍파가 많고 배우자 덕이 없는 글자이다. 단, 토(土)가 용신이면 대길하다.

子
아들 자

한때의 성공과 발전은 있으나 오래 지속되지 못하고 결국은 실패하며, 인덕이 없으니 자주 배신을 당하며 자손이 불효하는 글자이다. 단, 화(火)가 용신이면 대길하다.

長
긴 장

재주는 많으나 인덕이 없으니 알아주는 사람이 없고 하루아침에 망하고 다시 또 일어선다. 배우자와 이혼, 사별 또는 질병 등으로 고난이 따르며 고독하게 살아가는 글자이다. 단, 토(土)가 용신이면 대길하다.

點
점 점

성격이 온순하나 인내력이 부족하고 질투심이 많으며 융통성이 없다. 부모덕이 없으며 부부간의 불화, 이혼, 사별 또는 질병 등으로 고난이 따르며 재물복이 없는 글자이다. 단, 토(土)가 용신이면 대길하다.

貞
곧을 정

한때의 성공과 발전은 있으나 오래 지속되지 못하고 결국은 실패하며 인덕이 없으니 자주 배신을 당하며 자손이 불효하는 글자이다. 단, 수(水)가 용신이면 대길하다.

晶
맑을 정

자존심이 대단히 강하여 남에게 굽히기를 싫어하고 허영심이 많으며 신경이 예민하다. 관재, 구설, 손재, 파산, 이성문제 등으로 풍파가 많으며 배우자와 가정불화가 많이 일어나는 글자이다. 단, 목(木)이 용신이면 대길하다.

부모덕이 없으며 큰 병을 앓거나 수술을 하게되고 무슨 일을 하던 중도에서 좌절, 실패를 당하니 하루아침에 망하고 다시 또 일어선다. 질병으로 고난이 있고 배우자 덕이 없으며 고독하게 살아가는 글자이다. 단, 목(木)이 용신이면 대길하다.

허영심이 많고 끈기가 없으며 신경이 예민하다. 관재, 구설, 손재가 많이 따르며 배우자와 가정불화, 이혼, 사별, 질병 등의 액운을 겪으며 고독하게 살아가는 글자이다. 단, 토(土)가 용신이면 대길하다.

고집이 세고 허영심이 많아 실속은 없으면서 체면치레하기를 좋아한다. 인덕이 없으니 자주 배신을 당하며 실직, 사업실패, 배우자와의 이혼, 사별 또는 질병 등의 고난이 따르는 글자이다. 단, 토(土)가 용신이면 대길하다.

남에게 뒤지기를 싫어하며 허세를 잘 부리고 변덕이 심하다. 관재, 구설, 손재, 이성문제 등으로 풍파가 많으며 여자일 경우 남편 덕이 없는 글자이다. 단, 수(水)가 용신이면 대길하다.

자존심이 대단히 강하고 질투심이 많으며 변덕이 심하여 자주 충돌이 일어나는 성격이다. 관재, 구설이 많이 따르며 재물복이 없는 글자이다. 단, 토(土)가 용신이면 대길하다.

한때의 성공과 발전은 있으나 오래 지속되지 못하고 결국은 실패하며 남녀 모두 배우자 덕이 없으며 고독하게 살아가는 글자이다. 단, 화(火)가 용신이면 대길하다.

명예욕이 강하여 크고 작은 일에 앞장서지 않고는 견디지 못하는 성격이다. 그러나 인덕이 없으니 자주 배신을 당하며 투기, 투자, 보증, 동업, 금전거래 등에 실패가 많이 따르고 여자는 남편 덕이 없으며 고독하게 살아가는 글자이다. 단, 목(木)이 용신이면 대길하다.

성격은 온순하나 인내력이 부족하고 질투심이 많으며 융통성이 없다. 부모덕이 없으며 부부간의 불화, 이혼, 사별 또는 질병 등으로 고난이 따르며 재물복이 없는 글자이다. 단, 토(土)가 용신이면 대길하다.

자존심이 대단히 강하여 남에게 굽히기를 싫어하고 허영심이 많으며 신경이 예민하다. 관재, 구설, 손재, 파산, 이성문제 등으로 풍파가 많으며 배우자와 가정불화가 많이 일어나는 글자이다. 단, 화(火)가 용신이면 대길하다.

고집이 세고 허영심이 많아 실속은 없으면서 체면치레하기를 좋아한다. 인덕이 없으니 자주 배신을 당하며 배우자와 이혼, 사별 또는 질병 등의 고난이 따르는 글자이다. 단, 토(土)가 용신이면 대길하다.

재주가 많으나 인덕이 없으니 알아주는 사람이 없고 하루아침에 망하고 다시 또 일어선다. 여자는 남편 복이 없으며 화류계에 종사하기 쉬운 글자이다. 단, 화(火)가 용신이면 대길하다.

매사를 즉흥적으로 처리하는 성격이며 끈기가 없고 허영심이 많다. 인덕이 없으니 자주 배신을 당하고 여자는 남편 복이 없으며 화류계에 종사하기 쉬운 글자이다. 단, 화(火)가 용신이면 대길하다.

고집이 세고 허영심이 많으며 한때의 성공과 발전은 있으나 오래 지속되지 못하고 결국은 실패하며 여자는 남편 복이 없으며 화류계에 종사하기 쉬운 글자이다. 단, 토(土)가 용신이면 대길하다.

성격은 온순하나 인내력이 부족하고 질투심이 많으며 융통성이 없다. 인덕이 없으니 자주 배신을 당하고 배우자와 이혼, 사별 또는 질병 등의 고난이 따르는 글자이다. 단, 토(土)가 용신이면 대길하다.

재주는 많으나 성격이 불같이 급하고 책임감이 부족하다. 부모덕이 없으며 자주 배신을 당하고 부부간에 불화, 이혼, 사별 또는 질병 등의 고난이 따르며 재물복이 없는 글자이다. 단, 수(水)가 용신이면 대길하다.

夏
여름 하

성격이 급하고 인정이 없으며 완강한 고집이 있어서 자주 충돌이 일어나는 성격이다. 인덕이 없으니 자주 배신을 당하며 관재, 구설, 손재, 파산, 이성문제 등으로 풍파가 많겠고 배우자와 이혼, 사별 등의 고난이 따르며 자식복이 없는 글자이다. 단, 토(土)가 용신이면 대길하다.

鶴
학 학

부모의 유산이 있을지라도 하고자 하는 일마다 성사가 어려워 탕진하기 쉬우며 또한 질병으로 고생하거나 단명할 우려가 있는 글자이다. 단, 목(木)이 용신이면 대길하다.

杏
살구 행

자존심이 대단히 강하여 남에게 굽히기를 싫어하며 인정이 없고 변덕이 심하다. 투기, 투자, 동업, 보증, 금전거래에 실패가 많으며 자식복이 없는 글자이다. 단, 화(火)가 용신이면 대길하다.

幸
다행 행

성격은 온순하나 인내력이 부족하고 질투심이 많으며 융통성이 없다. 인덕이 없으니 자주 배신을 당하고 관재, 구설 손재가 많이 따르며 재물복이 없는 글자이다. 단, 수(水)가 용신이면 대길하다.

香
향기 향

성격이 무뚝뚝하고 바른말을 잘하며 융통성이 부족하다. 재물복이 없으며 배우자와 이혼, 사별 또는 질병 등의 고난이 따르는 글자이다. 단, 토(土)가 용신이면 대길하다.

玄
검을 현

고집이 세고 인정이 없으며 변덕이 심하다. 한때의 성공과 발전은 있으나 오래 지속되지 못하고 결국은 실패하며 여자는 남편 복이 없으며 화류계에 종사하기 쉬운 글자이다. 단, 화(火)가 용신이면 대길하다.

好
좋을 호

자존심이 강하고 독선적이며 허영심이 많다. 부모덕, 형제덕이 없으며 투기, 투자, 보증, 동업, 금전거래에 실패가 많이 따르고 여자는 남편복이 없으며 고독하게 살아가는 글자이다. 단, 수(水)가 용신이면 대길하다.

虎
범 호

고집이 세고 허영심이 많아 실속은 없으면서 체면치레하기를 좋아하며 말만 앞세우고 실천력이 부족하다. 인덕이 없으니 자주 배신을 당하며 실직, 사업실패, 배우자와의 가정불화, 이혼, 사별, 질병 등의 액운을 겪으며 낭비벽이 심한 글자이다. 단, 토(土)가 용신이면 대길하다.

花
꽃 화

재주는 많으나 성격이 급하고 인정이 없으며 허영심이 많다. 부모덕이 없으며 배우자와의 가정불화, 이혼, 사별 또는 질병 등으로 고난이 따르며 고독하게 살아가는 글자이다. 단, 토(土)가 용신이면 대길하다.

喜
기쁠 희

허영심이 많고 끈기가 없으며 신경이 예민하다. 관재, 구설, 손재가 많이 따르며 배우자와의 가정불화, 이혼, 사별 또는 질병 등의 액운을 겪으며 화류계에 종사하기 쉬운 글자이다. 단, 목(木)이 용신이면 대길하다.

계집 희

자존심이 대단히 강하고 독선적이며 강자에게는 한없이 약하고, 약자에게는 한없이 강하다. 부모덕이 없으며 관재, 구설, 송사, 손재, 보증, 동업, 금전거래 또는 질병 등으로 풍파가 많이 따르고 남편 덕이 없으니 배우자와 가정불화, 이혼, 사별 또는 질병 등의 고난이 따르는 글자이다. 단, 목(木)이 용신이면 대길하다.

3. 이름은 개명(改名)할 수 있다

이름을 부를 때 남에게 혐오감을 주거나 놀림감의 대상이 될 때는 개명(改名) 신청의 사유(事由)가 될 수 있다.

예 신자(信子), 성(姓)이 배(裵)씨라면 배신자가 되니 개명할 수 있다.
진애(眞愛), 성(姓)이 조(趙)씨라면 조진애가 되니 개명할 수 있다.

★ 개명(改名)할 수 있는 사유(事由)

· 욕이 되거나 수치감을 주는 이름일 경우
· 획수가 너무 많고 남들이 알아보기 어려운 글자일 경우
· 나쁜 별명이 되는 이름일 경우
· 성별(性別)에 있어 남녀구분이 애매한 경우
· 지나치게 흔한 이름일 경우
· 윗분(조상님)이 쓰시던 함자일 경우
· 부르기가 까다로워 본래의 뜻이 불리지 않는 이름일 경우
· 그밖에도 사회생활에 지장을 줄 수 있는 경우 등의 사유가 되면 소정의 절차에 따라 법원에 개명허가신청을 내면 개명을 허가한다.

★ 나쁜 별명이 붙거나 불길(不吉)한 단어가 나오는 이름들

임신중 (林信中)　　오개월 (吳介月)　　조진애 (趙眞愛)

변태성 (卞泰聖)　　전창남 (全昌男)　　고생문 (高生文)

오죽자 (吳竹子)　　변복자 (卞福子)　　주길수 (朱吉洙)

주기자 (朱基子)　　나백수 (羅白洙)　　최건달 (崔建達)

주근애 (朱根愛)　　원숭희 (元崇熙)　　주정근 (朱正根)

조진걸 (趙鎭杰)　　계세기 (桂世基) 등

★ 개명(改名)신청하는 방법

개명신청에 필요한 서류

1. 개명허가신청서　　2. 주민등록등본　　3. 기본증명서　　4. 가족관계증명서(본인)

5. 가족관계증명서(각각의 부와 모, 자녀)　　6. 소명자료

※ 경우에 따라 신원증명서, 병적증명서 또는 재학증명서 등이 필요하며 초등학생의 경우는 담임선생님의 승락이 필요한 경우도 있다.

★ 개명(改名)을 하면 다음과 같은 효력이 있다고 옛날부터 전해 내려오고 있다.

· 인기업에 종사하는 사람은 이름을 날린다.

· 좋은 배우자와 좋은 직장을 얻는다.

· 가정에 풍파가 없어지고 부부 금슬이 좋아진다.

· 자손이 없는 자가 아들을 얻는다.

· 병약자는 건강이 좋아지며 직장인은 승진을 한다.

· 사업이 순조롭게 이뤄지고 귀인을 만난다.

· 매사 싫증을 빨리 느끼는 자는 끈기력을 키워주며 부귀장수한다.

· 놀기를 좋아하고 정신이 산만하여 공부를 게을리하는 아이가 공부를 열심히 한다.

4. 이름짓는 법

작명(作名)을 할 때에는 획수에 의해 정하는 오행과 발음에 의해 정하는 오행 두 가지가 있는데 한문(漢文)으로 지을 경우는 획수오행을 상생으로 맞추고 그 다음은 발음오행을 맞춰야 한다.

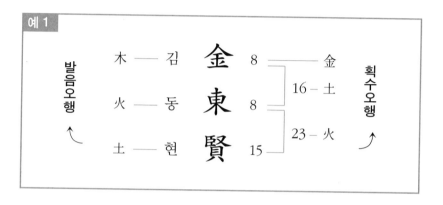

성명해설 金은 8획이니 金이다. 그 다음은 金 8획과 東 8획을 합하니 16획, 10을 버리면 남은 수가 6획이니 土가 된다. 그 다음은 東자 8획과 賢자 15획을 합하니 23획, 20을 버리면 남은 수가 3획이니 火가 된다.

그러면 火생 土생 金이 되니 길(吉)하다.

발음오행 김 木 · 동 火 · 현 土이 된다.

그러면 木생 火생 土가 되니 길(吉)하다. 또한 8획(음) 8획(음) 15획(양)이 되니 길(吉)하다.

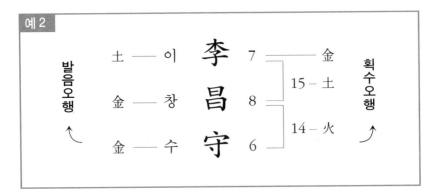

성명해설 李는 7획이니 金이다. 그 다음은 李 7획과 昌 8획을 합하니 15획, 10을 버리면 남은 수가 5획이니 土가 된다. 그 다음은 昌자 8획과 守자 6획을 합하니 14획, 10을 버리면 남은 수가 4획이니 火가 된다. 그러면 火생 土생 金이 되니 길(吉)하다.

발음오행 이 土 · 창 金 · 수 金가 된다. 그러면 土생 金이 되니 길(吉)하다. 또한 7획(양), 8획(음), 6획(음)이 되니 길(吉)하다.

다음은 외자 이름의 경우를 알아보자.

예 3

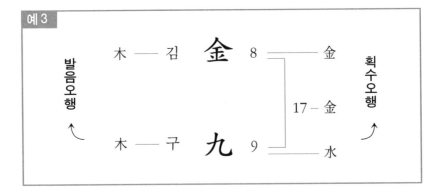

성명해설 金은 8획이니 金이다. 그 다음은 金 8획과 九 9획을 합하니 17획, 10을 버리면 남은 수가 7획이니 金이 된다. 그 다음은 외자이름이기 때문에 합(合)할 것이 없으므로 九자인 9획을 그대로 오행으로 정하니 水가 된다. 그러면 金생 水가 되니 길(吉)하다.

발음오행 김 木 · 구 木가 된다.

그러면 木과 木이 만났으니 같은 오행은 생(生)도 극(剋)도 아닌 동기(同氣)가 협력을 하는 것이라 했으니 길(吉)하다. 또한 8획(음), 9획(양)이 되니 길(吉)하다.

다음은 두자 성(姓) 이름의 경우를 알아보자.

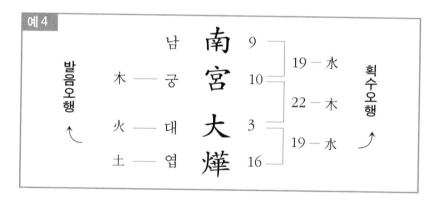

성명해설 南 9획과 宮 10획을 합하니 19획, 10을 버리면 남은 수가 9획이니 水가 된다. 그 다음은 南宮을 합한 19획과 大자 3획을 합하니 22획, 20을 버리면 남은 수가 2획이니 木이 된다. 그 다음은 大자 3획과 燁자 16획을 합하니 19획, 10을 버리면 남은 수가 9획이니 水가 된다. 그러면 水생 木이 되니 길(吉)하다.

발음오행 두자 성(姓)은 끝 발음이 오행이 된다고 했으니 남궁은 궁 자를 오행으로 정하는 원칙에 의거하여 木이 되며 대火 엽土가 된 다. 그러면 木생 火생 土가 되니 길(吉)하다. 또한 19획(양) 3획(양) 16획(음)이 되니 길(吉)하다.

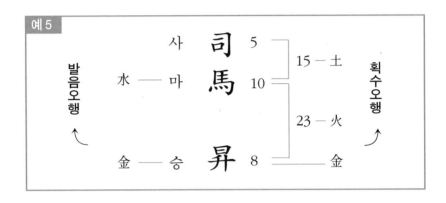

예 5

司馬昇

발음오행 ← 金 — 승   水 — 마   사

획수오행 → 금   23 — 火   15 — 土   8   10   5

성명풀이 司 5획과 馬 10획을 합하니 15획, 10을 버리면 남은 수가 5 획이니 土가 된다. 그 다음은 司馬를 합한 15획과 昇자 8획을 합하 니 23획, 20을 버리면 남은 수가 3획이니 火가 된다. 그 다음은 외자 이름이기 때문에 합(合)할 것이 없으므로 昇자인 8획을 그대로 오행 으로 정하니 金이 된다. 그러면 火생 土생 金이 되니 길(吉)하다.

발음오행 두자 성(姓)은 끝 발음이 오행이 된다고 했으니 사마는 마 (馬)자를 오행으로 정하는 원칙에 의거하여 水가 되며 승 金이 된다. 그러면 金생 水가 되니 길(吉)하다.
또한 15획(양), 8획(음)이 되니 길(吉)하다.

5. 획수로 보는 네 가지 격(格)과 운(運)

① **이격(利格)** : 성(姓)의 획수와 끝 글자 획수를 합한 것으로 초년운을 뜻하며 천격(天格)이라고도 한다.

② **형격(亨格)** : 성(姓)의 획수와 가운데 글자의 획수를 합한 것으로 중년운을 뜻하며 인격(人格)이라고도 한다.

③ **원격(元格)** : 이름 가운데 글자획수와 끝 글자 획수를 합한 것으로 중, 장년운을 뜻하며, 지격(地格)이라고도 한다.

④ **정격(貞格)** : 성(姓)과 이름의 총획수를 합한 것으로 말년운을 뜻한다.

좀 더 쉽게 설명하자면,

이격(利格)은 초년운을 본다.(20세~35세)

형격(亨格)은 중년운을 본다.(35세~45세)

원격(元格)은 중, 장년운을 본다.(45세~60세)

정격(貞格)은 말년운을 본다.(65세 이후)

그러면 획수로 보는 4가지 격(格)과 운(運)을 알기 쉽게 예를 들어 보자.

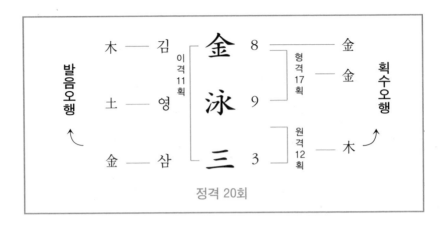

발음오행
木 — 김
土 — 영
金 — 삼
이격 11획

金
泳
三

8
9
3

형격 17획
원격 12획

金
金
木
획수오행

정격 20획

성명풀이 金은 8획이니 金이다. 그 다음은 金 8획과 泳 9획을 합하니 17획, 10을 버리면 남은 수가 7획이니 金이 된다. 그 다음은 泳자 9획과 三자 3획을 합하니 12획, 10을 버리면 남은 수가 2획이니 木이 된다. 그러면 金극 木이 되니 흉(凶)하다.

발음오행 김(木)·영(土)·삼(金)이 된다.

그러면 영(土)과 삼(金)은 土생金이 되어 상생(相生)을 이루고 있으나, 김(木)과 영(土)은 木극土로, 극(剋)을 이루고 있으며 끝 자인 삼(金)과 김(木)이 金극木이 되니 흉(凶)하다. 획수의 음양을 보면, 金 8획(음), 泳 9획(양), 三 3획(양)이니 (음양양)으로 길하다.

총평 획수의 음양만 길격(吉格)을 이루고 있으니 잘 지은 이름이라고 볼 수는 없다.

다음은 초년, 중년, 말년운을 알아보자.

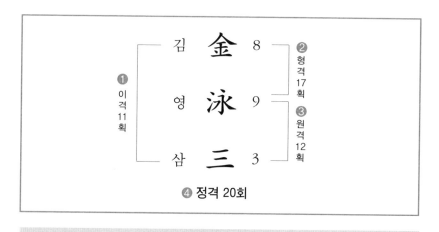

김 金 8　❷ 형격 17획
영 泳 9　❸ 원격 12획
삼 三 3

❶ 이격 11획

❹ 정격 20회

❶ 이격(利格) ➡ 金(8획) + 三(3획) = 11획
❷ 형격(亨格) ➡ 金(8획) + 泳(9획) = 17획
❸ 원격(元格) ➡ 泳(9획) + 三(3획) = 12획
❹ 정격(貞格) ➡ 金(8획) + 泳(9획) + 三(3획) = 20획

❶ 이격(利格) 11획

초년운이 길수(吉數)이다.

총명하고 지혜가 많으며 재주가 뛰어나고 낙천적이며, 매사에 충실하고 창의력이 있으며 판단력이 뛰어나고 개척정신이 강하다. 대체적으로 초년의 운세는 부모덕이 있으니 물질적으로 풍요로움을 누리게 되는 길격(吉格)이다.

❷ 형격(亨格) 17획

중년운이 길수(吉數)이다.

인내심이 강하고 이해력이 빨라 다방면으로 아는 것이 많으며 한가지 일에 집중하는 능력과 새로운 상황에 잘 적응하는 융통성을 발휘

한다. 또한 무슨 일을 하더라도 막힘이 없고 비록 한때의 실패가 있어도 다시 딛고 일어나 전보다 훨씬 큰 업적을 달성하는 대길수(大吉數)이다.

❸ 원격(元格) 12획

중장년운이 흉수(凶數)이다. 포부도 크고 성취욕도 대단하여 남들보다 노력을 많이 하는 편이지만 매사에 막히는 일이 많으며 구설수와 관재수가 따르게 되고, 자주 배신을 당하게 되며 정신적으로나 물질적으로 고난이 따르는 흉격(凶格)이다.

❹ 정격(貞格) 20획

말년운이 흉수(凶數)이다. 까다롭고 신경질이 많으며 감정이 예민한 성격으로 바뀌게 된다. 또한 지혜가 많아도 활용을 못하며 무슨일을 하거나 중도에서 좌절 또는 실패를 당하게 되며 가정불화, 실직, 파산, 송사 등의 온갖 고난이 연속되어 일어나는 운이며, 자손이 불효하는 흉격(凶格)이다.

※ 획수에 대한 설명은 8장 획수의 길흉(吉凶) 해설편에 자세하게 수록하였으니 참고하길 바란다.

다음은 작명시 성씨(姓氏)에 필요한 길수(吉數)를 음양오행에 맞춰서 수록하였으니 발음오행만 맞춰서 지으면 좋은 이름이 된다. 그러면 성씨(姓氏)에 필요한 획수를 알아보자.

제7장

大運 따르는 이름짓는 법

작명시 성씨에 필요한 획수정리

작명시(作名時) 성씨(姓氏)에 필요한 획수정리 편은 성씨에 따라 필요한 획수를 오행이 상생(相生)되게 맞추어 놓은 것이니 제6장 작명시 주의사항을 참고한 다음, 제12장에서 뜻이 좋은 글자를 골라, 제11장 발음오행을 참고하여 발음오행만 상생(相生)이 되게 맞추어 지으면 좋은 이름이 된다.

상생(相生), 상극(相剋)을 잘 모르시는 분은 제5장 상생, 상극 배치도를 참조하시라.

2획 성

乃	力	卜	又	丁
이에 내	힘 력	점 복	또 우	고무래 정

획 수	2. 1. 4	2. 1. 5	2. 1. 14	2. 1. 15
오 행	木火土	木火土	木火土	木火土
획 수	2. 1. 22	2. 4. 9	2. 4. 19	2. 9. 14
오 행	木火火	木土火	木土火	木木火
획 수	2. 11. 4	2. 11. 5	2. 14. 19	2. 16. 13
오 행	木火土	木火土	木土火	木金水

예		
2획성 →	丁 (고무래 정)	(金)
4획 →	元 (으뜸 원)	(土)
9획 →	俊 (준걸 준)	(金)

발음오행

90

3획 성

干	弓	大	凡	山	也
방패 간	활 궁	큰 대	무릇 범	뫼 산	이끼 야
于	千				
어조사 우	일천 천				

획 수	3. 2. 3	3. 2. 13	3. 3. 10	3. 3. 12
오 행	火土土	火土土	火土火	火土土
획 수	3. 3. 18	3. 5. 10	3. 8. 5	3. 14. 21
오 행	火土木	火金土	火木火	火金土

예	3획성	→	弓 (활 궁)	(木)	
	8획	→	旼 (화할 민)	(水)	발음오행 ↙
	5획	→	正 (바를 정)	(金)	

4획 성

介	孔	公	斤	今	毛	木	文
중개할 개	구멍 공	귀인 공	날 근	이제 금	터럭 모	나무 목	글월 문
方	卞	夫	水	午	王	元	尹
모 방	꼭지 변	지아비 부	물 수	낮 오	임금 왕	으뜸 원	성 윤
允	仁	天	太	片	化		
허락할 윤	어질 인	하늘 천	클 태	조각 편	화할 화		

획 수	4. 1. 2	4. 2. 9	4. 2. 11	4. 2. 19
오 행	火土火	火土木	火土火	火土木

획 수	4. 7. 14	4. 9. 2	4. 9. 12	4. 11. 14
오 행	火木木	火火木	火火木	火土土

획 수	4. 11. 20	4. 12. 9	4. 12. 13	4. 12. 19
오 행	火土木	火土木	火土土	火土木

획 수	4. 13. 12	4. 14. 11	4. 17. 4	4. 17. 12
오 행	火金土	火金土	火木木	火木水

예				
	4획성	→	元 (으뜸 원)	(土)
	11획	→	章 (글 장)	(金)
	14획	→	碩 (클 석)	(金)

발음 오행 ↙

5획 성

甘	功	丘	白	史	石	召
달 감	공 공	언덕 구	흰 백	사기 사	돌 석	부를 소
申	永	玉	乙	支	田	占
납 신	길 영	구슬 옥	새 을	지탱할 지	발 전	점칠 점
台	平	包	皮	玄	弘	
별 태	평평할 평	쌀 포	가죽 피	검을 현	클 홍	

획 수	5.2.6	5.2.11	5.2.16	5.3.10
오 행	土金金	土金火	土金金	土金火
획 수	5.3.13	5.6.18	5.8.8	5.8.10
오 행	土金土	土木火	土火土	土火金
획 수	5.8.16	5.8.24	5.10.8	5.11.13
오 행	土火火	土火木	土土金	土土火
획 수	5.12.12	5.13.11		
오 행	土金火	土金火		

예	5획성	→	申 (납 신)	(金)	
	8획	→	周 (두루 주)	(金)	발음오행
	10획	→	玹 (옥돌 현)	(土)	↙

6획 성

曲	光	圭	吉	老	牟	米
굽을 곡	빛 광	서옥 규	길할 길	늙을 로	클 모	쌀 미
朴	百	西	先	安	伊	印
성 박	일백 백	서쪽 서	먼저 선	편안 안	저 이	도장 인
任	在	全	朱	后		
맡길 임	있을 재	온전 전	붉을 주	황후 후		

획 수	6. 1. 17	6. 2. 5	6. 5. 18	6. 7. 10
오 행	土金金	土金金	土木火	土火金

획 수	6. 7. 18	6. 9. 9	6. 10. 7	6. 10. 23
오 행	土火土	土土金	土土金	土土火

획 수	6. 11. 7	6. 11. 18	6. 12. 17	6. 15. 18
오 행	土金金	土金水	土金水	土木火

획 수	6. 18. 7	6. 18. 17
오 행	土火土	土火土

예	6획성	→	朴 (성 박)	(水)	
	11획	→	晟 (밝을 성)	(金)	발음오행
	18획	→	鎭 (진정할 진)	(金)	↙

7획 성

江	君	杜	李	甫	成	宋
강 강	임금 군	막을 두	오얏 리	클 보	이룰 성	나라 송
辛	汝	余	呂	延	吳	位
매울 신	너 여	남을 여	성 여	맞을 연	나라 오	자리 위
池	車	判	何	孝		
연못 지	수레 차	쪼갤 판	어찌 하	효도 효		

획 수	7. 6. 10	7. 8. 8	7. 8. 16	7. 8. 17
오 행	金火土	金土土	金土火	金土土
획 수	7. 9. 8	7. 9. 16	7. 10. 6	7. 11. 14
오 행	金土金	金土土	金金土	金金土
획 수	7. 16. 10	7. 18. 6	7. 22. 10	
오 행	金火土	金土火	金水木	

예	7획성	→	呂 (성 여)	(土)	
	9획	→	柱 (기둥 주)	(金)	발음오행
	8획	→	奉 (받들 봉)	(水)	↙

8획 성

庚	系	空	具	奇	金	奈	林
별 경	끝 계	빌 공	갖출 구	기이할 기	성 김	어찌 나	수풀 림
孟	明	門	房	奉	舍	尙	昔
맏 맹	밝을 명	문 문	방 방	받들 봉	집 사	오히려 상	옛 석
昇	承	沈	宗	周	昌	采	卓
오를 승	이을 승	성 심	마루 종	두루 주	창성 창	캘 채	높을 탁

획 수	8. 5. 10	8. 7. 8	8. 7. 10	8. 7. 16
오 행	金火土	金土土	金土金	金土火
획 수	8. 8. 5	8. 8. 7	8. 8. 9	8. 8. 15
오 행	金土火	金土土	金土金	金土火
획 수	8. 9. 7	8. 10. 5	8. 10. 15	8. 13. 16
오 행	金金土	金金土	金金土	金木水
획 수	8. 16. 9			
오 행	金火土			

예	8획성	→	金 (성 김)	(木)	발음오행
	8획	→	東 (동녘 동)	(火)	
	15획	→	賢 (어질 현)	(土)	↙

姜	南	段	柳	思	宣	星	施
성 강	남녘 남	구분단	버들 류	생각할 사	베풀 선	별 성	베풀 시
信	彦	姚	禹	韋	兪	貞	俊
믿을 신	선비 언	예쁠 요	임금 우	가죽 위	성 유	곧을 정	준걸 준
肖	秋	泰	扁	表	河	咸	
같을 초	가을 추	클 태	편편할 편	겉 표	물 하	다 함	

획 수	9. 2. 6	9. 6. 12	9. 8. 7	9. 9. 6
오 행	水木金	水土金	水金土	水金土

획 수	9. 9. 7	9. 12. 6	9. 12. 12	9. 12. 20
오 행	水金土	水木金	水木火	水木木

획 수	9. 14. 8
오 행	水火木

예	9획성	→	姜 (성 강)	(木)	
	8획	→	秉 (잡을 병)	(水)	발음오행
	7획	→	秀 (빼어날 수)	(金)	↙

剛	桂	高	骨	俱	宮	唐	馬
굳셀 강	계수나무 계	높을 고	뼈 골	함께 구	집 궁	당나라 당	말 마
芳	徐	孫	洙	芮	邕	袁	殷
꽃다울 방	천천히 서	손자 손	물가 수	나라 예	화할 옹	성 원	나라 은
恩	曺	秦	晋	眞	夏	洪	花
은혜 은	성 조	나라 진	나라 진	참 진	여름 하	넓을 홍	꽃 화

획 수	10. 1. 6	10. 1. 7	10. 3. 8	10. 5. 3
오 행	水木金	水木金	水火木	水土金
획 수	10. 5. 22	10. 6. 11	10. 7. 8	10. 7. 14
오 행	水土金	水土金	水金土	水金木
획 수	10. 8. 7	10. 8. 13	10. 11. 11	10. 13. 8
오 행	水金土	水金木	水木木	水火木
획 수	10. 14. 7	10. 15. 22		
오 행	水火木	水土金		

예	10획성	→	洪 (넓을 홍)	(土)	발음오행
	7획	→	志 (뜻 지)	(金)	
	8획	→	受 (받을 수)	(金)	↙

11획 성

强	康	國	梅	班	邦	范	彬
굳셀 강	편안 강	나라 국	매화 매	나눌 반	나라 방	법 범	빛날 빈
卨	梁	魚	尉	章	張	曹	珠
은나라설	들보 양	고기 어	벼슬 위	글자 장	베풀 장	무리 조	구슬 주
崔	票	海	許	邢	胡		
높을 최	표 표	바다 해	허락할 허	나라 형	어찌 호		

획 수	11.2.4	11.4.20	11.5.8	11.10.14
오 행	木火土	木土火	木土火	木木火
획 수	11.12.4	11.12.12	11.13.18	11.14.10
오 행	木火土	木火火	木火木	木土火
획 수	11.18.6			
오 행	木水火			

예	11획성	→	崔 (높을 최)	(金)	
	14획	→	榮 (영화 영)	(土)	발음오행
	10획	→	珍 (보배 진)	(金)	↙

12획 성

景	邱	敦	東	方	童	閔	森
볕 경	언덕 구	도타울 돈	동녘 동	모 방	아이 동	성 민	빽빽할 삼
善	淳	筍	舜	勝	堯	雲	程
착할 선	순박할 순	성 순	임금 순	이길 승	임금 요	구름 운	법 정
智	彭	馮	弼	賀	黃		
지혜 지	성 팽	성 풍	도울 필	하례할 하	누루 황		

획 수	12. 4. 9	12. 4. 19	12. 5. 24	12. 9. 4
오 행	木土火	木土火	木金水	木木火

획 수	12. 9. 14	12. 11. 10	12. 11. 12	12. 12. 11
오 행	木木火	木火木	木火火	木火火

획 수	12. 12. 13	12. 13. 10	12. 17. 12
오 행	木火土	木土火	木水水

예				
	12획성	→	閔 (성 민)	(水)
	12획	→	琇 (옥돌 수)	(金)
	13획	→	煥 (빛날 환)	(土)

발음 오행 ↙

100

13획 성

賈	琴	頓	廉	路	雷	睦
값 가	거문고 금	조아릴 돈	청렴 렴	길 로	우레 뢰	화목 목
司	空	新	阿	楊	雍	郁
맡을 사	빌 공	새 신	언덕 아	버들 양	화할 옹	성할 욱
慈	莊	楚	湯			
사랑할 자	씩씩할 장	나라 초	끓을 탕			

획 수	13. 2. 3	13. 3. 8	13. 4. 12	13. 8. 3
오 행	火土土	火土木	火金土	火木木

획 수	13. 8. 8	13. 8. 16	13. 12. 4	13. 12. 12
오 행	火木土	火木火	火土土	火土火

예	13획성	→	楊 (버들 양)	(土)	
	12획	→	淳 (순박할 순)	(金)	발음오행
	12획	→	弼 (도울 필)	(水)	↙

101

14획 성

公	孫	菊	箕	端	裵	鳳
귀 공	손자 손	국화 국	키 기	끝 단	성 배	새 봉
西	門	碩	愼	實	連	榮
서쪽 서	문 문	클 석	삼갈 신	열매 실	연할 연	영화 영
溫	趙	菜				
따뜻할 온	나라 조	나물 채				

획 수	14. 1. 2	14. 2. 15	14. 4. 11	14. 7. 18
오 행	火土火	火土金	火金土	火木土
획 수	14. 10. 11	14. 10. 15	14. 11. 10	14. 11. 4
오 행	火火木	火火土	火土木	火土土

예	14획성	→	趙 (나라 조)	(金)	
	10획	→	容 (얼굴 용)	(土)	발음오행
	15획	→	德 (큰 덕)	(火)	↙

15획 성

價	葛	慶	郭	廣	歐	魯
값 가	칡 갈	경사 경	성 곽	넓을 광	칠 구	나라 노
德	董	劉	萬	墨	司	馬
큰 덕	감독할 동	묘금도 류	일만 만	먹 묵	맡을 사	말 마
葉	彈	漢	標			
잎 엽	탄알 탄	물이름 한	표할 표			

획 수	15. 2. 6	15. 2. 14	15. 3. 14	15. 6. 18
오 행	土金金	土金土	土金金	土木火

획 수	15. 8. 9	15. 8. 10	15. 8. 16	15. 9. 8
오 행	土火金	土火金	土火火	土火金

획 수	15. 10. 8	15. 10. 14
오 행	土土金	土土火

예	15획성 →	郭 (성 곽)	(木)	
	9획 →	玟 (옥돌 민)	(水)	발음오행
	8획 →	周 (두루 주)	(金)	↙

16획 성

彊	盧	潭	道	都	陶	賴
강할 강	성 노	연못 담	길 도	도읍 도	질그릇 도	입을 뢰
龍	潘	燕	陸	陰	錢	諸
용 룡	물이름 반	제비 연	뭍 육	그늘 음	돈 전	모두 제
陳	皇	甫				
베풀 진	임금 황	클 보				

획 수	16. 2. 5	16. 2. 13	16. 5. 8	16. 7. 8
오 행	土金金	土金土	土木火	土火土
획 수	16. 7. 16	16. 8. 5	16. 8. 15	16. 8. 17
오 행	土火火	土火火	土火火	土火土
획 수	16. 9. 8			
오 행	土土金			

예	16획성	→	陰 (그늘 음)	(土)	
	8획	→	宗 (마루 종)	(金)	발음오행
	5획	→	民 (백성 민)	(水)	↙

鞠	獨	謝	鮮	遜	陽	襄
기를 국	홀로 독	사례할 사	고울 선	겸손할 손	볕 양	오를 양
蔚	應	蔣	鍾	蔡	燭	鄒
우거질 위	응할 응	풀 장	술병 종	나라 채	촛불 촉	추나라 추
澤	韓					
못 택	나라 한					

획 수	17. 7. 8	17. 8. 7	17. 8. 8	17. 8. 10
오 행	金火土	金土土	金土土	金土金

획 수	17. 10. 6	17. 10 15	17. 12. 6
오 행	金金土	金金土	金水金

예	17획성	→	韓 (나라 한)	(土)	
	7획	→	成 (이룰 성)	(金)	발음오행
	8획	→	旼 (화할 민)	(水)	↙

105

18획 성

簡	瞿	顔	魏	
편지 간	놀랄 구	얼굴 안	나라 위	

획 수	18. 6. 9	18. 7. 6	18. 11. 6	18. 11. 10
오 행	金火土	金土火	金水金	金水木

예	18획성 → 魏 (나라 위) (土)	
	7획 → 志 (뜻 지) (金)	발음오행
	6획 → 旭 (빛날 욱) (土)	↙

19획 성

關	南	宮	薛	鄭
빗장 관	남녁 남	집 궁	나라 설	나라 정
再	會			
두 재	모을 회			

획 수	19. 6. 12	19. 8. 10	19. 10. 8	19. 12. 6
오 행	水土金	水金金	水水金	水木金

획 수	19. 12. 12	19. 13. 10	19. 13. 16
오 행	水木火	水木火	水木水

예				
	19획성 →	鄭 (나라 정)	(金)	
	10획 →	訓 (가르칠 훈)	(土)	발음오행
	8획 →	卓 (높을 탁)	(火)	↙

20획 성

羅	鮮	于	釋	嚴
벌릴 라	빛날 선	어조사 우	놓을 석	엄할 엄

획 수	20. 4. 7	20. 5. 13	20. 9. 9	20. 9. 12
오 행	水火木	水土金	水水金	水水木

획 수	20. 12. 1	20. 12. 11	20. 12. 9
오 행	水木木	水木火	水木木

예	20획성	→	嚴 (엄할 엄)	(土)	
	12획	→	盛 (성할 성)	(金)	발음오행
	9획	→	昱 (밝을 욱)	(土)	↙

21획 성

顧	藤	藝		
돌아볼 고	등나무 등	재주 예		

획 수	21. 2. 14	21. 4. 20	21. 8. 10	21. 8. 16
오 행	木火土	木土火	木水金	木水火
획 수	21. 10. 14	21. 12. 12	21. 14. 10	
오 행	木木火	木火火	木土火	

예	21획성	→	藝 (재주 예)	(土)	발음오행
	8획	→	昌 (창성 창)	(金)	
	10획	→	玹 (옥돌 현)	(土)	↙

22획 성

鑑	權	邊	蘇	襲	隱
거울 감	권세 권	가 변	깨어날 소	엄습할 습	숨길 은

획 수	22. 2. 9	22. 2. 11	22. 2. 13	22. 7. 10
오 행	木火木	木火火	木火土	木水金

획 수	22. 13. 10			
오 행	木土火			

예

22획성 → 權 (권세 권) (木)

7획 → 甫 (클 보) (水)

10획 → 城 (재 성) (金)

발음오행 ↙

25획 성

獨	孤				
홀로 독	홀로 고				

획 수	25. 2. 4	25. 2. 6	25. 4. 4	25. 6. 7
오 행	土金土	土金金	土水金	土木火

획 수	25. 8. 8	25. 8. 10
오 행	土火土	土火金

예				
	25획성	→	獨孤 (독고)	(木)
	8획	→	東 (동녘 동)	(火)
	8획	→	官 (벼슬 관)	(木)

발음오행 ↙

31획 성

諸 葛					
모두 제	칡 갈				

획 수	31. 2. 4	31. 2. 14	31. 4. 10	31. 8. 6
오 행	木火土	木火土	木土火	木水火

획 수	31. 10. 4	31. 14. 10
오 행	木木火	木土火

예			
	31획성 →	諸葛 (제갈)	(木)
	14획 →	輔 (도울 보)	(水)
	10획 →	倍 (갑절 배)	(水)

발음오행 ↙

제8장

大運 따르는 이름짓는법

획수의 길흉 해설

1. 획수(劃數)의 길흉(吉凶) 해설

● **1획 - 영화격(榮華格)** ▶ 吉

창조, 부귀, 명예, 우두머리를 상징한다. 두뇌는 명석하고 지혜는 많으나 독선적이다. 여자는 질투심이 강하고 남성적인 기질이 있으며 배우자와 사별 또는 별거, 이혼을 하거나 배우자로 인해 마음고생이 많다.

● **2획 - 이별격(離別格)** ▶ 凶

투지와 인내력이 부족하고 질투심이 많으며 융통성이 없다. 부모덕이 없으며 부부간의 불화, 사업실패, 파직, 신병 등으로 고생하는 수리이다.

● **3획 - 발전격(發展格)** ▶ 吉

두뇌가 명석하고 지혜가 많으며 또한 효심이 깊다. 어디를 가나 도와주는 이가 많아 하고자 하는 일이 순조로우며 학문에 매진하면 고관직으로 출세하여 명예와 부(富)를 함께 얻으리라.

● **4획 - 고독격(孤獨格)** ▶ 凶

부모덕이 없으며 초년에는 수술하거나 질병으로 고생. 중년에는 부부풍파, 사업실패, 실직 등으로 되는 일이 없고 끈기가 부족하여 매사 싫증을 빨리 느끼며 여자는 과부가 되기 쉽다.

● 5획 - 진흥격(振興格) ▶ 吉

통솔력이 있고 지혜가 많으며 인덕이 있어 많은 사람들의 존경을 받는다. 또한 건강하게 장수를 누리며, 여자는 배우자 덕이 많아 귀부인으로 명예와 부를 함께 누리리라.

● 6획 - 순성격(順成格) ▶ 吉

천성이 온화하고 자상하며 매사에 충실하고 독립심이 강하다. 어디를 가나 도와주는 이가 많아 하고자 하는 일이 순조로우니 타고난 재능을 발휘하여 부귀영화를 누리리라.

● 7획 - 독립격(獨立格) ▶ 吉

두뇌가 명석하고 지혜가 많으며 의지가 굳고 결단력과 독립정신이 강하다. 공무원이나 회사원보다는 사업이 적합하다. 그러나 동업 또는 합작 사업은 뜻을 이루기 어려우리라.

● 8획 - 개척격(開拓格) ▶ 吉

의지가 굳고 인내심이 강하며 개척정신이 강하다. 총명한 두뇌와 지혜를 발휘하여 목표를 이루려는 집념이 매우 강하나 초년에는 어려움이 많으며 중년이 길(吉)하다. 공무원이나 회사원보다는 사업이 적합하리라.

● 9획 - 풍파격(風波格) ▶ 凶

부모덕, 형제덕이 없으며 초년에는 질병으로 고생하며 중년에는 실직, 사업실패, 부부이별 등 남녀 모두 배우자덕, 재물복이 없으며 고독하다.

● 10획 – 실패격(失敗格) ▶ 凶

부모덕이 없고 초년에는 큰병을 앓거나 수술을 하게 되고 끈기가 부족하여 매사 싫증을 빨리 느끼니 모든 일을 마무리 못한다. 남녀 모두 배우자덕, 자식복, 재물복이 없으며, 관재, 구설이 끊이질 않는다.

● 11획 – 신성격(新盛格) ▶ 吉

한번 계획한 일은 끝까지 밀고 나가는 끈기가 있으며 판단력이 뛰어나고 창의력이 풍부하다. 무슨 일을 하거나 도와주는 이가 많아 어려움을 극복하고 목적을 달성한다. 중년에 명예와 재물을 함께 얻는 운이다.

● 12획 – 충파격(沖破格) ▶ 凶

성격이 급하고 까다로우며 변덕이 심하다. 부모덕, 형제덕이 없으며 중년에는 실직 또는 사업실패, 가정불화, 부부이별, 병약, 단명 등의 흉액을 면하기 어려운 수리이다.

● 13획 – 달통격(達通格) ▶ 吉

재주가 뛰어나고 창의력이 풍부하며 임기응변에 능하다. 의학, 문학, 법학, 경영학, 예술계통 등 어느 분야에 진출해도 성공하는 대길운이다. 여자는 좋은 배우자를 만나 부귀영화를 누리리라.

● **14획** – 재화격(災禍格) ▶ 凶

부모덕이 없으며 큰 병을 앓거나 수술을 하게 되고 무슨 일을 하거나 중도에서 좌절, 실패를 당하며 가정불화, 고독, 관재, 송사 등 온갖 고난이 연속되어 일어나는 운이며, 여자는 과부가 되기 쉽다.

● **15획** – 통솔격(統率格) ▶ 吉

성격이 명랑하고 쾌활하여 사교성이 좋으며 창조성을 추구하는 성격이다. 목표를 세우면 끈기 있게 추진하여 끝장을 보고야 마는 신념과 의지력이 있으며 어디를 가나 윗자리에 임하여 만인의 존경을 받을 운이다. 여자는 남편덕과 재물복이 많아 행복하게 살아갈 운이다.

● **16획** – 덕망격(德望格) ▶ 吉

천성이 온화하고 자상하며 매사에 충실하고 독립심이 강하다. 만인의 존경과 신망을 얻어 무슨 일을 하거나 도와주는 이가 많아 하는 일이 순조로우며 목적을 달성한다. 남녀 모두 인덕과 배우자 덕이 많아 행복하게 살아갈 운이다.

● **17획** – 건창격(健暢格) ▶ 吉

부모덕이 있으며 무슨 일을 하거나 막힘이 없고 비록 한때의 실패가 있어도 다시 딛고 일어나 전보다 훨씬 큰 업적을 달성하는 대길운이다. 남녀 모두 좋은 배우자를 만나 부귀영화를 누리리라.

● 18획 – 발달격(發達格) ➡ 吉

두뇌가 명석하고 지혜가 많으며 매사에 적극적이고 임기응변에 능하다. 문학, 법학, 의학, 경영학, 예술 계통 등 어느 분야에 진출해도 성공하는 대길운이며 남녀 모두 부부의 인연이 좋아서 가정이 화목하고 자손이 효도하며 백년을 해로하리라.

● 19획 : 불성격(不成格) ➡ 凶

부모덕이 없으며 부모의 유산이 있을지라도 하고자 하는 일마다 성사가 어려워 탕진하기 쉬우며 관재, 구설이 많이 따르고 남녀 모두 배우자 덕이 없으며 고독하다. 중년, 말년에 질병으로 고생하리라.

● 20획 : 파산격(破産格) ➡ 凶

까다롭고 신경질이 많으며 감정이 예민하다. 좋은 두뇌와 지혜가 많아도 활용을 못하며 무슨 일을 해도 중도에서 좌절, 실패를 당하며 자식덕이 없고 가정불화, 실직, 파산, 송사 등 온갖 고난이 연속되어 일어나는 운이며 여자는 과부가 되기 쉽다.

● 21획 : 두령격(頭領格) ➡ 吉

천성이 온화하고 덕망이 있으며 사람을 대함에 있어 정성과 진심을 다하니 만인의 존경을 받는다. 인덕이 많으니 평생 어려움이 별로 없으며 배우자복, 재물복이 대길한 운이다.

● 22획 : 병약격(病弱格) ➡ 凶

변덕이 심하고 타산적이며 의심이 많다. 또한 평생 질병으로 고생하거나 단명할 우려가 있다. 남녀 모두 부모덕이 없으며 사업실패, 실직, 가정불화, 형액 등 온갖 고난이 연속되어 일어나는 흉운이다.

● 23획 : 공명격(功名格) ➡ 吉

자기 일이나 남의 일을 막론하고(가리지 않고) 일단 시작하면 온 정력을 다 쏟는 희생적 정신을 가지고 있다. 무슨 일을 하거나 도와주는 이가 많아 하는 일이 순조로우며 목적을 달성한다. 관운, 명예운, 사업운이 좋으며 여자는 슬기롭고 자상하며 좋은 배우자를 만나 행복하게 살아갈 운이다.

● 24획 – 출세격(出世格) ➡ 吉

매사에 적극성이 있고 활동적이며 임기응변에 능하다. 부모 또는 윗사람의 도움을 많이 받으니 관운, 명예운, 사업운이 순조롭다. 남녀 모두 가정이 화목하고 착한 자녀를 두며 행복하게 장수하는 운이다.

● 25획 – 건전격(健全格) ➡ 吉

감수성이 예민하고 이해력이 풍부하며 착실하게 노력하는 형이다. 한번 계획한 일은 끝까지 밀고 나가는 끈기가 있으며 판단력이 뛰어나다. 남녀 모두 부부의 인연이 좋아서 가정이 화목하고, 자손이 효도하며 건강하게 장수를 누리리라.

● 26획 – 실의격(失意格) ➡ 吉半凶

분수를 지키고 적당한 위치에 만족할 줄 알면 무사 태평하다. 그러나 포부가 너무 커서 분수에 넘치는 일을 도모하려다 모든 일이 수

포로 돌아가기 쉬우니 인내와 수양이 필요한 운이다.

● 27획 – 중절격(中折格) ➡ 吉半凶

재주가 많으나 인덕이 없으니 알아주는 사람이 없고 하루아침에 망하고 다시 또 일어선다. 변화무쌍한 운세여서 분수를 지키고 적당한 위치에 만족할 줄 알면 무사태평하리라.

● 28획 – 쇠퇴격(衰退格) ➡ 凶

성질이 급하고 참을성이 없다. 허영심이 많아 실속은 없으면서 체면치레하기를 좋아한다. 인덕이 없고 운세가 막히니 실직, 사업실패, 가정불화 또는 배우자와의 이혼, 사별 등 되는 일이 없는 운이다.

● 29획 – 성공격(成功格) ➡ 吉

사람됨이 총명하고 착실하며 참을성이 많다. 대인 관계가 원만하고 무슨 일을 하거나 도와주는 이가 많아 하는 일이 순조로우며 관운, 명예운, 재물운이 좋다. 남녀모두 큰 풍파 없이 살아가는 수리이다.

● 30획 – 흉화격(凶化格) ➡ 凶

끈기가 없고 신경이 지나치게 예민하여 대범한 성격이 못되고 추진력이 없으니 큰일을 성취하기 어렵고 무슨 일을 하거나 운세가 막히니 실패가 많다. 부모덕, 배우자덕, 재물복도 없으며 고독하고 단명할 우려가 있는 불길한 수리이다.

● 31획 - 융창격(隆昌格) ▷ 吉

천성이 착하고 창의력이 있으며 끈기가 있다. 어려운 환경에 놓여도 이를 극복하고 큰 업적을 이룩한다. 관운, 승진운, 사업운 모두 좋으며 남녀 모두 부부의 인연이 좋아서 가정이 화목하고 자손이 효도하며 건강하게 장수를 누리는 운이다.

● 32획 - 등용격(登龍格) ▷ 吉

자존심이 대단히 강하여 남의 간섭이나 지배를 받기 싫어하며 명예나 의리를 존중하고 처세에 능하다. 의학, 문학, 법학, 경영학, 예술 계통 등 어느 분야에 진출해도 성공하는 대길운이다. 여자는 좋은 배우자를 만나 부귀영화를 누리는 운이다.

● 33획 - 왕성격(旺盛格) ▷ 吉

성격이 온순하고 재주가 많으며 임기응변에 능하다. 어디를 가나 도와주는 이가 많아 순풍에 돛단배처럼 장애물 없이 발전해서 부귀를 얻는다. 관운이나 직장운 또는 사업운이 좋으며, 가정도 화목하고 일생 큰 근심이 없는 수리이다.

● 34획 - 불운격(不運格) ▷ 凶

허영심이 많고 남에게 뒤지기 싫어하여 허세를 잘 부리며 끈기가 부족하다. 약삭빠르고 수단도 좋은 편이나 운세가 막히니 비록 일시적 성공이나 영화를 누린다 해도 오래 지속되지 못하고 결국은 실패, 파직, 파산 등의 몰락을 겪는 수리이다.

● **35획** - 안전격(安全格) ➡ 吉

감정이 풍부하고 끈기가 있으며 인덕이 많아 만사를 순조롭게 발전시켜 나간다. 경영학, 법학, 문학, 의학, 예술계통 등 어느 분야에 진출해도 명예운이 따르니 성공하는 대길운이며 남녀 모두 배우자 덕이 있으며 큰 풍파 없이 살아가는 수리이다.

● **36획** - 불화격(不和格) ➡ 凶

성격이 까다롭고 신경질이 많으며 무슨 일이든 결단성 있게 밀고 나가지 못하고 망설이다가 번번이 기회를 놓친다. 인덕이 없고 운세가 막히니 실패가 거듭되는 불길한 수리이다. 남녀 모두 배우자 덕이 없고 풍파가 많으며 고독하다.

● **37획** - 인덕격(人德格) ➡ 吉

성품이 온화하고 남을 위해 봉사하는 희생정신이 강하다. 도와주는 이가 많으며 운세가 트이니 직장의 승진, 사업번창, 관운, 명예운이 좋은 수리이며 남녀 모두 배우자 덕이 많아 행복하게 살아가리라.

● **38획** - 복록격(福祿格) ➡ 吉半凶

어질고 착하여 법(法)없이도 살 사람이며 이해력이 풍부하고 착실하게 노력하는 형이다. 평범한 운세라 큰 성공은 기대하기 어려우나 문학 또는 예술계통으로 진출하면 성공하는 수리이다.

● **39획** - 안태격(安泰格) ➡ 吉

적극성이 있고 활동적이며 임기응변이 능하다. 인덕이 많아 만사를 순조롭게 발전시켜 나간다. 관운, 명예운이 좋으며 사업번창, 자손의 경사 등 부귀영화를 누리며 장수하는 수리이다.

● 40획 – 길흉상반격(吉凶相反格)　❯　吉半凶

매사 침착하고 겸손하며 재주가 많으나 결단력이 부족하다. 인덕이 없으니 비록 일시적 성공이나 영화를 누린다 해도 오래 지속하지 못하고 결국은 실패, 파직, 파산, 형액 등의 액운을 겪는 불길한 수리이다.

● 41획 – 대공격(大功格)　❯　吉

명예욕이 강하여 크고 작은 일에 앞장서지 않고는 견디지 못하는 성격이다. 때문에 관록의 길이 열리지 않으면 사업을 벌여 반드시 경영자나 지휘의 권좌를 차지하는 수리이며 남녀 모두 배우자 덕이 있어 가정이 화목하고 자녀가 효도하니 행복을 누리며 장수하는 수리이다.

● 42획 – 곤궁격(困窮格)　❯　吉半凶

성격이 곧고 강하여 바른말을 잘하고 사교성이 부족하니 남과 화목하지 못하고 따돌림을 받기 쉽다. 인덕이 없고 운세가 막히니 비록 일시적 성공이나 영화를 누린다 해도 오래 지속하지 못하고, 결국은 실패, 파직, 파산 등의 액운을 겪는 수리이다.

● 43획 – 무덕격(無德格)　❯　吉半凶

변덕이 심하고 타산적이며 융통성이 없다. 끈기가 부족하여 무슨 일을 하거나 싫증을 빨리 느끼며 마무리를 못한다. 남녀모두 인덕이 없으며 가정불화 또는 배우자와의 이혼, 사별 등 풍파를 겪으며 고독하게 지내는 수리이다.

● 44획 : 패망격(敗亡格) ➡ 凶

지혜가 출중하여 각 분야마다 이해가 빨라 다방면으로 아는 것은 많으나 인덕이 없고 운세가 나쁘니 무슨 일을 하거나 장애가 많아 중간에 좌절되므로 성공을 못한다. 남녀 모두 배우자 덕이 없으며 건강복, 재물복이 없는 흉격이다.

● 45획 - 대지격(大知格) ➡ 吉

차분하게 관찰하고 주시하는 통찰력과 한번 계획한 일은 끝까지 밀고 나가는 끈기가 있으며 어떤 일이든 적응력이 빠르다.
문학, 법학, 의학, 경영학, 예술계통 등 어느 분야에 진출해도 성공하는 대길운이며 남녀 모두 부부의 인연이 좋아서 가정이 화목하고 자손이 효도하며 백년을 해로하는 수리이다.

● 46획 - 질병격(疾病格) ➡ 凶

신경질이 많고 소극적이며 의지가 약하니 큰일을 성취하기 어렵다.
부모덕이 없고 가정불화, 사업실패, 파직, 형액 등 온갖 고난이 연속으로 일어나고, 병으로 고생할 우려가 있는 흉격이다.

● 47획 - 입신격(立身格) ➡ 吉

감정이 예민하고 인내심이 있으며 판단력과 통솔력이 뛰어나다. 관운, 명예운이 좋으니 학문에 매진하면 높은 직위에 오르며, 사업을 해도 순조롭게 성공하는 대길운이다. 남녀모두 배우자 덕이 있으며 일생을 풍파 없이 살아가는 길격이다.

● **48획** - 복덕격(福德格) ➡ 吉

인정이 많아 남의 고통을 보면 솔선수범 도와주는 성격이며 화술(話術)에 능하다. 부모덕이 있으며 무슨 일을 하거나 도와주는 이가 많아 직장운, 사업운, 명예운이 좋으며 남녀 모두 배우자 덕이 있어 가정이 화목하고 자녀가 효도하니 행복을 누리며 장수하는 길격이다.

● **49획** - 사별격(死別格) ➡ 凶

허영심이 많고 남에게 뒤지기 싫어하여 허세를 잘 부린다. 초년에는 부모를 여의고 중년에는 배우자를 생 · 이 · 사별하며 무슨 일을 하던지 인덕이 없고 운세가 막히니 중간에 좌절, 실패가 연속해서 일어나는 흉격(凶格)이다.

● **50획** - 부진격(不振格) ➡ 吉半凶

매사를 즉흥적으로 처리하는 성격이며 사교성이 부족하고 낭비가 심하다. 초년의 운세는 순조로운 편이나 중년 이후 운세가 막히니 사업실패 또는 실직, 가정불화 등으로 풍파를 많이 겪는 수리이다.

● **51획** - 쇠운격(衰運格) ➡ 吉半凶

성격이 온순하고 재주가 많으나 끈기가 부족하다. 무슨 일을 하거나 어려움과 장애가 따른다. 초년의 운세는 부모덕, 재물복도 있으나

중년 이후 실직 또는 사업실패, 가정불화 등으로 풍파를 많이 겪는
수리이다.

● 52획 - 능통격(能通格) ➡ 吉
정직하고 인정이 많으며 의협심이 강하다. 항상 노력하는 형으로 적
극성이 있고 활동적이다. 만사가 순조롭고 관운, 직장운이 좋아 출
세가 빠르며 또한 사업을 해도 도와주는 이가 많아 성공하는 대길운
이다.
남녀 모두 배우자 덕이 있어 가정이 화목하고 자녀가 효도하니 행복
을 누리며 장수하는 길격이다.

● 53획 - 불행격(不幸格) ➡ 凶
자존심이 대단히 강하여 남에게 굽히기를 싫어하며 허영심이 많고
책임감이 부족하다. 물려받은 유산이 있어도 모두 탕진하고 실직 또
는 사업실패, 형액, 질병 등의 재난이 연속해서 일어나는 흉격이다.

● 54획 - 이별격(離別格) ➡ 凶
허영심이 많고 끈기가 없으며 황소고집이다. 초년에는 부모를 여의
고 중년에는 배우자를 사별, 별거 또는 이혼할 운이며 무슨 일을 하
거나 중간에 좌절, 실패가 거듭되며, 또한 질병으로 고생하는 흉격
이다.

● 55획 - 대행격(大幸格) ➡ 吉半凶
감수성이 예민하고 이해력이 풍부하며 착실하게 노력하는 형이다.

초년의 운세는 매사 되는 일이 없으나, 중년에는 운세가 트이니 어려움을 극복하고 목적을 달성한다.

● 56획 - 길흉격(吉凶格) ○ 凶

두뇌는 명석하나 남의 일에 참견을 잘하며 말만 앞세우고 실천력이 없다. 또한 허영심이 많고 독선적으로 좋은 일이 나쁜 일로 변하는 형상이니 무슨 일을 하던지 묘한 장애가 생겨 마무리를 못한다. 부모덕이 없으며 남녀 모두 결혼운도 순조롭지 못하여 풍파가 많으며 병으로 고생하는 흉격이다.

● 57획 - 자선격(慈善格) ○ 吉半凶

인정이 많아 어려운 사람을 보면 솔선수범 도와주는 성격이며 대인관계가 원만하다. 초년에는 부모의 유산을 물려받는다 할지라도 다 없애고 자수성가하는 운이다.
총명하고 끈기가 있으며 중년에 운세가 트이니 어려운 환경에 놓여도 참고 견디며 노력하면 반드시 성공하는 수리이다.

● 58획 - 행혜격(幸惠格) ○ 吉半凶

재주는 많으나 성격이 불같이 급하고 끈기가 부족하다. 부모덕이 없으니 초년에는 금전적 정신적으로 어려움을 겪으며 중년에 운세가 트이니 어려운 환경에 놓여도 참고 견디며 노력하면 반드시 부귀영화를 누리는 운이다.

● **59획** - 단명격(短命格) ➡ 凶

신경이 예민하고 의심이 많으며 매사에 소극적이다. 부모덕이 없으며 어려서는 큰 병을 앓거나 수술하고 중년에는 배우자와 생이별 또는 사별하며 불구가 되거나 단명할 우려가 있는 흉격이다.

● **60획** - 불길격(不吉格) ➡ 凶

자존심이 대단히 강하여 남에게 굽히기를 싫어하며 허영심이 많고 바른말을 잘하여 관재, 구설이 끊이지 않는다. 무슨 일을 하더라도 인덕이 없고 운세가 막히니 중간에 좌절, 실패가 연속으로 일어나며 말년에는 질병으로 고생하는 흉격이다.

● **61획** - 갱생격(更生格) ➡ 吉半凶

모든 일을 즉흥적으로 처리하는 성격이며 허영심이 많고 끈기가 없다. 인덕이 없고 운세가 막히니 비록 일시적 성공이나 영화를 누린다 해도 오래 지속하지 못하고 결국은 실패, 파직, 파산, 형액 등의 액운을 겪는 수리이며 남녀 모두 배우자 덕이 없으며 고독하다.

● **62획** - 산재격(散財格) ➡ 凶

신경질이 많고 의심이 많으며 의지가 약하니 큰일을 성취하기 어렵다. 부모덕이 없으며 중년에는 가정불화, 사업실패, 파직, 형액 등의 온갖 수난이 연속되어 일어나고 또한 질병으로 고생할 우려가 있는 흉격이다.

● **63획** - 흥창격(興昌格) ➡ 吉

예술적 감각이 뛰어나고 사교성이 좋으며 매사에 적극적이다. 인덕이 있으며 재물운이 좋으니 사업가로 대성공하는 길격이며 남녀 모두 배우자 덕이 있어 가정이 화목하고 자녀가 효도하니 행복을 누리며 장수하는 수리이다.

● **64획** - 멸망격(滅亡格) ➡ 凶

지혜가 출중하여 각 분야마다 이해가 빨라 다방면으로 아는 것은 많으나 인덕이 없고 운세가 나쁘니 무슨 일을 하거나 장애가 많아 중간에 좌절되므로 성공을 못한다. 남녀 모두 배우자 덕이 없으며 단명할 우려가 있는 흉격이다.

● **65획** - 대호격(大好格) ➡ 吉

성격이 온화하고 덕망이 있으며 한번 기회를 잡으면 놓치지 않고 끈기 있게 매달려 끝장을 보고야 마는 신념과 의지력이 있다.
모든 일에 순조로우며 명예와 재물이 따른다. 남녀 모두 부부의 인연이 좋아서 가정이 화목하고 자손이 효도하며 백년을 해로하는 길격이다.

● **66획** - 중단격(中斷格) ➡ 凶

변덕이 심하고 인정이 없으며 남에게 지지 않으려는 완강한 고집이 있어서 자주 충돌이 일어나는 성격이다. 초년에는 부모를 여의고 중년에는 배우자와의 이혼, 사별 또는 사업실패, 파직, 형액 등의 액운을 겪는 수리이며 말년에는 질병으로 고생하는 흉격이다.

● 67획 - 길운격(吉運格)　▶ 吉

자존심이 대단히 강하여 자기 본위대로 행동하는 고집은 있으나 도량이 넓으며 낙천적이다. 무슨 일을 하거나 막힘이 없고 비록 한때의 실패가 있어도 다시 딛고 일어나 전보다 훨씬 큰 업적을 달성하는 대길의 수리이며 여자는 좋은 배우자를 만나 부귀영화를 누리는 길격이다.

● 68획 - 부흥격(復興格)　▶ 吉

깊은 추리력과 예민한 관찰력이 있으며 매사에 신중하고 치밀한 계획에 의해 실천하는 성격이다. 관운, 명예운, 사업운이 좋으므로 어느 방면에 진출해도 성공하는 수리이다. 남녀 모두 가정이 화목하고 자녀가 효도하니 행복을 누리며 장수하는 길격이다.

● 69획 - 일성일패격(一成一敗格)　▶ 凶

고집이 세고 질투심이 많으며 변덕이 심하다. 부모의 유산이 있을지라도 하고자 하는 일마다 어려움과 장애가 따르니 탕진하기 쉬우며 관재, 구설이 많이 따르고, 중년에는 배우자와의 이혼, 사별 또는 사업실패, 송사, 질병 등으로 풍파를 겪으며 단명할 우려가 있는 흉격이다.

● 70획 - 유시무종격(有始無終格)　▶ 凶

시작은 있으나 끝이 없는 격이니 모든 일에 꿈같이 허무한 일로 돌아가고 운세가 기울기 시작한다. 부모덕이 없고 재물복, 배우자 덕도 없으며 근심과 질병으로 고생하는 흉격이다.

● **71획** – 근면격(勤勉格)　➡ 吉半凶

어려운 환경에서 성공하는 수리이다. 부모의 유산을 물려받는다 해도 다 없애고 자수성가하는 운이다. 초년의 운세는 매사 되는 일이 없으나 중년에는 운세가 트이니 중도에 좌절하지 말고 끈기있게 노력해 나가면 크게 성공하는 수리이다.

● **72획** – 무상격(無常格)　➡ 凶

평생 파란 곡절이 많고 운명이 기구하다. 배은망덕을 당하기도 하고 관재, 구설이 끊이질 않는다. 초년에는 부모를 여의고 중년에는 배우자와의 이혼, 사별 또는 사업실패, 파직, 형액 등의 액운을 겪는 수리이며, 말년에는 질병으로 고생하는 흉격이다.

● **73획** – 평범격(平凡格)　➡ 吉

감수성이 예민하고 이해력이 풍부하며 착실하게 노력하는 형이다. 운세가 평범하니 분수를 지키고 적당한 위치에 만족할 줄 알면 무사태평하다. 연구직이나 기술직에 종사하면 무난한 수리이다.

● **74획** – 진퇴양난격(進退兩難格)　➡ 凶

성격이 불같이 급하고 의심이 많으며 융통성이 없다. 끈기가 부족하여 무슨 일을 하거나 싫증을 빨리 느끼며 마무리를 못한다. 남녀 모두 인덕이 없으며 가정불화 또는 배우자와의 이혼, 사별, 사업실패, 파직, 형액 등의 온갖 고난이 연속되어 일어나는 흉격이다.

● **75획** – 성취격(成就格)　❍　吉半凶

허영심이 많고 독선적이며 바른말을 잘하여 자주 충돌이 일어나는 성격이다. 재주는 많으나 인덕이 없으니 알아주는 사람이 없고, 하루아침에 망하고 다시 또 일어선다. 변화무쌍한 운세여서 분수를 지키고 적당한 위치에 만족할 줄 알면 무사태평한 수리이다.

● **76획** – 구사일생격(九死一生格)　❍　凶

성격이 온순하고 재주가 많으나 끈기가 부족하다. 무슨 일을 하거나 어려움과 장애가 따른다. 초년의 운세는 부모덕, 재물복도 있으나 중년의 운세는 실직, 사업실패, 가정불화, 형액 등으로 풍파를 많이 겪으며 말년에는 질병으로 고생하는 흉격이다.

● **77획** – 파록격(破綠格)　❍　吉半凶

매사 침착하고 겸손하며 재주가 많으나 결단력이 부족하다. 인덕이 없고 운세가 막히니 비록 일시적 성공이나 영화를 누린다 해도 오래 지속하지 못하고 결국은 실패, 파직, 파산, 배우자와의 이혼, 사별 등의 액운을 겪는 불길한 수리이다.

● **78획** – 공허격(空虛格)　❍　吉半凶

모든 일을 즉흥적으로 처리하는 성격이며 허영심이 많고 책임감이 부족하다. 초년의 운세는 부모덕, 재물복이 있으나 중년의 운세는 사업실패, 파직, 형액 또는 배우자와의 이혼, 사별 등의 액운을 겪으며 말년에는 질병으로 고생하는 수리이다.

● 79획 – 고독실패격(孤獨失敗格) ▶ 凶

신경질이 많고 소극적이며 의지가 약하니 큰일을 성취하기 어렵다.
초년에는 부모를 여의고 중년에는 배우자와의 이혼, 사별 또는 사업
실패, 파직, 형액 등의 온갖 고난이 연속되어 일어나고 말년에는 질
병으로 고생할 우려가 있는 흉격이다.

● 80획 – 종말격(終末格) ▶ 凶

더 이상 나아갈래야 나아갈 수 없는 궁지에 도달하였으니 모든 일이
끝장을 만난 수리이다. 파직, 사업실패, 부부생이별, 사별, 형액, 질
병 등 온갖 고난이 연속되어 일어나는 대흉격이다.

● 81획 – 환원격(還元格) ▶ 吉

만사가 처음으로 돌아가는 수리이다. 다시 1획으로 환원하는 수이니
창조, 명예, 부귀, 우두머리를 뜻하며 무슨 일을 하던 막힘이 없고 비
록 한때의 실패가 있어도 다시 딛고 일어나 전보다 훨씬 큰 업적을
달성하는 대길(大吉)의 수리이다.

2. 획수의 길흉 해설 총정리

★ 대길(大吉)의 수리(數理)

1 · 3 · 5 · 6 · 7 · 8

11 · 13 · 15 · 16 · 17 · 18

21 · 23 · 24 · 25 · 29

31 · 32 · 33 · 35 · 37 · 39

41 · 45 · 47 · 48

52 · 63 · 65 · 67 · 68 · 73 · 81

★ 흉(凶)의 수리(數理)

2 · 4 · 9 · 10

12 · 14 · 19 · 20

22 · 28 · 30 · 34 · 36

44 · 46 · 49 · 53 · 54 · 56 · 59

60 · 62 · 64 · 66 · 69 · 70 · 72 · 74 · 76 · 79 · 80

★ 길반(吉半) 흉반(凶半)의 수리(數理)

26 · 27 · 38 · 40 · 42 · 43 · 50

51 · 55 · 57 · 58 · 61

71 · 75 · 77 · 78

제9장

오행의 길흉 해설

大運 따르는 이름짓는 법

1. 상생 · 상극 · 상비란?

성명(姓名) 세 글자 및 두 글자에는 각각 획수(劃數)로, 산정(算定)된 오행(五行)과 글자의 발음(發音)으로 된 오행(五行) 두 가지가 있는데 상생(相生)되면 길(吉)하고, 상극(相剋)되면 흉(凶)하다.

상생(相生)이란?

木 : 木火土. 木木火. 木土火. 木火火

火 : 火土金. 火火木. 火金土. 火木木

土 : 土金水. 土土火. 土水金. 土火火

金 : 金水木. 金金土. 金木水. 金土土

水 : 水木火. 水水金. 水火木 등을 말한다.

상극(相剋)이란?

木 : 木金木. 木木金. 木土木. 木金金

火 : 火水火. 火火水. 火金火. 火金金

土 : 土木土. 土土木. 土水土. 土水水

金 : 金木金. 金金火. 金火金. 金火火

水 : 水火水. 水水土. 水土水. 水火火 등을 말한다.

상비(相比)란?

木木木. 火火火. 土土土. 金金金. 水水水 등을 말한다.

2. 오행(五行)과 오장육부(五臟六腑)

오행	木	火	土	金	水
오장	간 (肝)	심장 (心臟)	위 (胃)	폐 (肺)	신장 (腎臟)
육부	담 (膽)	소장 (小腸)	비장 (脾臟)	대장 (大腸)	방광 (膀胱)
계통	신경 (神經)	순환 (循環)	소화 (消化)	호흡 (呼吸)	배설 (排泄)

오행(五行)이 의미하는 오장육부(五臟六腑)의 도표를 그린 이유는 역학(易學)의 기초가 전혀 없는 분을 위해 오행의 길흉(吉凶) 해설을 이해하는데 도움을 주고자 함이다.

그러면 오행의 길흉해설을 알아보자.

3. 오행(五行)의 길흉(吉凶) 해설

木木木 성격이 어질고 착하여 법(法) 없이도 살 사람이다. 그러나 융통성이 부족하고 매사 꼼꼼한 편에 속하며 수리(數理)가 길격(吉格)이면 부부운, 자손운이 좋다.

木木火 성격이 어질고 착하여 법 없이도 살 사람이다. 상상력이 풍부하며 착실하게 노력하는 형이다. 수리가 길격(吉格)이면 부부

운, 자손운이 좋으며 부모덕이 있다.

木木土

예

11획 木
10획 木
16획 土

성격이 어질고 착하여 법 없이도 살 사람이다. 사교성은 부족하나 결단성이 있으며 수리가 길격(吉格)이면 부부운, 재물운이 좋다. 그러나 신경쇠약, 위장병으로 고생할 우려가 있다. 왜냐하면 木극土 : 木과 土가 싸우는 형상 (木→신경, 土→위장에 해당)

木木金

예

11획 木
10획 木
17획 金

고집이 세고 질투심이 많으며 변덕이 심하다. 하는 일마다 막힘이 많고 특히 여자는 이성문제로 풍파가 많으며 신경쇠약, 간장 질환 또는 폐병으로 고생할 우려가 있다. 왜냐하면 金극木 : 金과 木이 싸우는 형상(木→신경·간장, 金→폐에 해당)

木木水 성격이 명랑하고 쾌활하여 사교성이 좋으며 상상력이 풍부하고 착실하게 노력하는 형이다. 수리(數理)가 길격(吉格)이면 도와주는 이가 많아 하고자 하는 일이 순조로우며 명예나 직위가 상승한다.

木火木 천성이 어질고 착하며 총명하다. 예능방면에 소질이 있으며 도와주는 이가 많아 하고자 하는 일이 순조로우며 수리(數理)가 길격(吉格)이면 부모덕, 형제덕, 배우자 덕이 있다.

木火火 성격이 명랑하고 쾌활하며 사교성은 좋으나 맺고 끊는

것이 부족하다. 수리(數理)가 길격(吉格)이면 부모덕, 배우자 덕이 있다.

木火土 성격이 어질고 착하여 법(法)없이도 살 사람이며 상상력이 풍부하고 문장력이 뛰어나다. 사교성이 좋아 대인관계가 원만하고 수리(數理)가 길격(吉格)이면 직장운 또는 사업운이 좋다.

木火金
예
11획 木
13획 火
15획 金

성격이 곧고 강하여 남에게 굽히기 싫어하며 사교성이 부족하다. 인덕이 없고 부부, 자녀와의 사이도 좋지 않으며 심장병 또는 폐병으로 고생할 우려가 있다. 왜냐하면 火극金 : 火와 金이 서로 싸우는 형상(火 → 심장, 金 → 폐에 해당)

木火水
예
11획 木
12획 火
17획 水

성격이 명랑하고 쾌활하여 사교성은 좋으나 끈기가 부족하여 매사 싫증을 빨리 느낀다. 그러나 일단 목표가 결정되면 물불을 가리지 않고 목표를 향해 화살같이 돌진하는 추진력과 집념이 있다. 수리(數理)가 흉격(凶格)이면 심장병이나 신장병, 방광염으로 고생할 우려가 있다. 왜냐하면 水극火 : 水와 火가 싸우는 형상(火 → 심장, 水 → 신장·방광에 해당)

木土木 성격이 무뚝뚝하고 바른말을 잘하며 사교성이 부족하다. 투기, 동업, 보증, 금전거래에 실패가 많으며 위장병으로 고생할 우려가 있다. 왜냐하면 木극土 : 土가 木에게 얻어터지는 형상(土 → 위

장에 해당)

木土火

예
11획 木
15획 土
18획 火

성격이 명랑하고 쾌활하여 사교성은 좋으나 맺고 끊는 것이 부족하다. 수리(數理)가 흉격(凶格)이면 위장병으로 고생할 우려가 있다. 왜냐하면 木극土 : 土가 木에게 얻어터지는 형상(土→위장에 해당)

木土土

예
11획 木
15획 土
10획 土

성격이 무뚝뚝하고 바른말을 잘하며 사교성이 부족하다. 투기, 동업, 보증, 금전거래에 실패가 많으며 위장병, 신경성 질환, 간장 질환으로 고생할 우려가 있다. 왜냐하면 木극土 : 木과 土가 싸우는 형상(木→신경 · 간장, 土→위장에 해당)

木土金 성격이 무뚝뚝하고 바른말을 잘하며 사교성이 부족하다. 부모덕, 형제덕이 없으며 투기, 투자, 동업, 보증, 금전거래에 실패가 많고 특히 여자라면 이성문제로 풍파가 많다.

木土水

예
11획 木
15획 土
15획 水

성격이 무뚝뚝하고 변덕이 심하여 끈기가 부족하여 매사 싫증을 빨리 느낀다. 이동, 이사, 해외 출입, 객지 생활과 인연이 많으며 위장병, 신장병, 방광염으로 고생할 우려가 있다. 왜냐하면 木극土극水 : 土와 水가 얻어터지는 형상(土→위장, 水→신장 · 방광에 해당)

木金木

예
11획 木
16획 金
15획 木

성격이 무뚝뚝하고 바른말을 잘하며 사교성이 부족하다. 투기, 투자, 동업, 보증, 금전거래에 실패가 많으며 신경성 질환이나 기관지염, 폐병으로 고생할 우려가 있다. 왜냐하면 金극木 : 金과 木이 싸우는 형상(木→신경 계통, 金→폐 · 기관지에 해당)

木金火

예
11획 木
16획 金
17획 火

변덕이 심하고 인정이 없으며 사교성이 부족하다. 이동, 이사, 해외출입, 객지 생활과 인연이 많으며 신경성 질환이나 기관지염, 폐병, 고혈압 등으로 고생할 우려가 있다. 왜냐하면 金극木, 火극金 : 金과 木이 싸우고 火와 金이 싸우는 형상(木→신경, 金→폐 · 기관지, 火→혈압에 해당)

木金土

예
11획 木
17획 金
8획 土

고집이 세고 질투심이 많으며 변덕이 심하다. 하는 일마다 막힘이 많고 특히 여자는 이성문제로 풍파가 많으며 관재, 구설, 송사, 형액 등의 재앙을 당한다. 신경쇠약, 간장 질환 또는 폐병, 기관지염으로 고생할 우려가 있다. 왜냐하면 金극木 : 金과 木이 싸우는 형상(木→간장, 金→폐에 해당)

木金金

예
11획 木
17획 金
10획 金

성격이 무뚝뚝하고 바른말을 잘하며 맺고 끊는 것은 분명하나 사교성이 부족하다. 투기, 투자, 동업, 보증, 금전거래에 실패가 많으며 여자는 이성문제로 풍파가 많으며 고독하다. 신경성 질환, 간장병 또는 폐병, 기관지염으로

고생할 우려가 있다. 왜냐하면 金극木 : 金과 木이 싸우는 형상(木→신경 · 간장, 金→폐에 해당)

木金水
예
11획 木
16획 金
13획 水

성격이 명랑하고 쾌활하여 사교성은 좋으나 맺고 끊는 것이 부족하다. 수리(數理)가 흉격(凶格)이면 간장 질환 또는 폐병, 기관지염으로 고생할 우려가 있다. 왜냐하면 金극木 : 金과 木이 싸우는 형상(木→간장, 金→폐 · 기관지이므로)

木水木
천성이 어질고 착하여 법(法)없이도 살 사람이다. 사교성이 좋으며 문장력이 뛰어나다. 수리(數理)가 길격(吉格)이면 부모덕, 형제덕, 배우자 복이 많으며 직장, 사업운이 좋다.

木水火
예
11획 木
19획 水
14획 火

성격이 명랑하고 쾌활하여 사교성이 좋으며 임기응변에 능하다. 수리(數理)가 흉격(凶格)이면 심장질환, 당뇨, 고혈압, 신장, 방광염으로 고생할 우려가 있다. 왜냐하면 水극火 : 水와 火가 싸우는 형상(水 → 신장 · 방광, 火 → 심장 · 혈압에 해당)

木水土
예
11획 木
19획 水
17획 土

성격이 무뚝뚝하고 바른말을 잘하며 맺고 끊는 것은 분명하나 사교성이 부족하다. 투기, 동업, 보증, 금전거래에 실패가 많으며 여자는 생활전선에 나서는 경우가 많으며 남편 덕이 없고 고독하다. 위장병 또는 신장병, 방광염으로 고생할 우려가 있다. 왜냐하면 土극水 : 土와 水가 싸

우는 형상(土→위장, 水→신장·방광에 해당)

木水金 성격이 어질고 착하여 법(法)없이도 살 사람이다. 문장력
이 뛰어나고 착실하게 노력하는 형이다. 수리(數理)가 길격(吉格)이
면 부모덕, 배우자 덕이 있고 도와주는 이가 많아 하고자 하는 일이
순조로우며 명예나 직위가 상승하거나 사업이 번창하는 길격이다.

木水水 자기본위대로 행동하는 고집은 있으나 총명하고 도량이
넓으며 낙천적이다. 수리(數理)가 길격(吉格)이면 부모덕, 배우자덕
이 있으며 재물운, 명예운이 좋다.

火木木 천성이 온화하고 자상하며 매사에 충실하고 독립심이 강
하다. 수리(數理)가 길격(吉格)이며 부모덕, 형제덕, 배우자 덕이 있
으며 도와주는 이가 많아 하고자 하는 일이 순조로우며 명예운, 재물
운이 좋다.

火木火 통솔력이 있고 지혜가 많으며 임기응변에 능하다. 수리
(數理)가 길격(吉格)이면 부모덕, 배우자 덕이 있고 인덕이 많아 명
예나 직위가 상승하거나 사업이 번창하는 길격이다.

火木土
예
13획 火
9획 木
17획 土

성격이 명랑하고 쾌활하여 사교성은 좋으나 맺고 끊는
것이 부족하다. 수리(數理)가 흉격(凶格)이면 위장병으
로 고생할 우려가 있다. 왜냐하면 木극土 : 木과 土가 싸
우는 형상(土→위장에 해당)

143

火木金 성격이 무뚝뚝하고 바른말을 잘하며 사교성이 부족하다. 투기, 투자, 동업, 보증, 금전거래에 실패가 많으며 여자는 남편복이 없다. 신경성 질환이나 폐병 또는 기관지염으로 고생할 우려가 있다. 왜냐하면 金극木 : 金과 木이 싸우는 형상(木→신경, 金→폐·기관지에 해당)

火木水 희생정신이 강하고 인정이 많아 남의 고통을 보면 정신적으로나 물질적으로 도와주는 성격이다. 수리(數理)가 길격(吉格)이면 도와주는 이가 많아 하고자 하는 일이 순조로우며 명예운, 재물운이 좋다.

火火木 사물을 관찰하는 예술적 감각이 뛰어나니 현실보다는 이상향에 도취되기 쉬운 성격이다. 수리(數理)가 길격(吉格)이면 도와주는 이가 많으니 예술 방면으로 진출하면 대성하는 길격이다.

火火火

예
13획 火
10획 火
13획 火

성격이 급하고 신경질적이며 참을성이 부족하다. 투기, 투자, 동업, 보증, 금전거래에 실패가 많으며 여자는 남편복이 없다. 건강도 안 좋아 심장질환이나 고혈압으로 고생할 우려가 있다. 왜냐하면 火가 너무 많기 때문(火→심장, 혈압에 해당)

火火土 차분하게 관찰하고 주시하는 통찰력과 임기응변에 뛰어나다. 수리(數理)가 길격(吉格)이면 부모덕, 형제덕이 있고 도와주는 이가 많아 하고자 하는 일이 순조로우며 직장운, 사업운이 좋다.

火火金

예

13획 火
10획 火
17획 金

부모유산이 있을지라도 하고자 하는 일마다 성사가 어려워 탕진하기 쉬우며 또한 심장질환이나 고혈압 또는 폐병으로 고생할 우려가 있다. 왜냐하면 火극金 : 火와 金이 싸우는 형상(火→심장·혈압, 金→폐에 해당)

火火水

예

13획 火
10획 火
9획 水

남에게 지지 않으려는 성격과 완강한 고집이 있어서 충돌이 자주 일어나는 성격이다. 또한 혈압계통 또는 신장병, 방광염으로 고생할 우려가 있다. 왜냐하면 水극火 : 水와 火가 싸우는 형상(火→혈압, 水→신장·방광에 해당)

火土木

예

13획 火
13획 土
9획 木

성격이 명랑하고 쾌활하여 사교성이 좋으며 임기응변에 능하다. 수리(數理)가 흉격(凶格)이면 위장병 또는 신경성 질환으로 고생할 우려가 있다. 왜냐하면 木극土 : 木과 土가 싸우는 형상(木→신경계통, 土→위장에 해당)

火土火 예술감각이 뛰어나고 어떤 일이든 적응력이 빠르며 화술(話術)에 능하다. 수리(數理)가 길격(吉格)이면 부모덕, 배우자 덕이 있으며 항상 최선을 다한다면 운세가 열려 있으니 명예운, 직장운, 재물운이 좋다.

火土土 선천적인 생활신조가 근면, 절약이며 창조성을 추구하는 성격이다. 수리(數理)가 길격(吉格)이면 명예운, 직장운, 사업운이 좋다.

火土金 명랑하고 쾌활하여 사교성이 좋으며 문장력이 뛰어나다. 수리(數理)가 길격(吉格)이면 부모덕, 배우자 덕이 있으며 항상 최선을 다한다면 운세가 열려 있으니 명예운, 직장운, 재물운이 좋다.

火土水

예

13획 火
13획 土
17획 水

성격이 무뚝뚝하고 바른말을 잘하며 사교성이 부족하다. 관재, 구설, 송사, 형액 등의 재앙을 당하기 쉬우며 또한 위장병, 신장병, 방광염으로 고생할 우려가 있다. 왜냐하면 土극水 : 土와 水가 싸우는 형상(土→위장, 水→신장·방광에 해당)

火金木

예

13획 火
14획 金
7획 木

성격이 급하고 신경질적이며 매사에 끈기가 없다. 또한 투기, 투자, 동업, 보증, 금전거래에 실패가 많으며 간장질환이나 폐병 또는 심장병, 고혈압 등으로 고생할 우려가 있다. 왜냐하면 火극金, 金극木 : 火와 金이 싸우고, 金과 木이 싸우는 형상(木→간장, 金→폐, 火→심장·혈압에 해당)

火金火

예

13획 火
14획 金
9획 火

매사를 즉흥적으로 처리하는 성격이며 끈기가 없고 낭비가 심하다. 관재, 구설, 송사, 파직, 형액 등의 재앙을 당하기 쉬우며 심장 질환이나 폐병, 기관지염으로 고생할 우려가 있다. 왜냐하면 火극 金은 火와 金이 싸우는 형상(火는 심장, 金은 폐·기관지에 해당)

火金土　매사에 신중하고 치밀한 계획에 의해 실천하는 성격이다. 수리(數理)가 흉격(凶格)이면 심장병 또는 폐병, 기관지염으로 고생할 우려가 있다. 왜냐하면 火극金 : 火와 金이 싸우는 형상(火→심장, 金→폐·기관지에 해당)

火金金
예
13획 火
15획 金
13획 金
부모유산이 있을지라도 하고자 하는 일마다 성사가 어려워 탕진하기 쉬우며 심장질환이나 고혈압 또는 폐병으로 고생할 우려가 있다. 왜냐하면 火극金 : 火와 金이 싸우는 형상(火→심장·혈압, 金→폐에 해당)

火金水
예
13획 火
14획 金
15획 水
성격이 급하고 인정이 없으며 변덕이 심하다. 투기, 투자, 동업, 보증, 금전거래에 실패가 많으며 여자는 남편 덕이 없으며 고독하다. 심장병 또는 폐, 기관지염으로 고생할 우려가 있다. 왜냐하면 火극金 : 火와 金이 싸우는 형상(火→심장, 金→폐·기관지에 해당)

火水木　성격이 명랑하고 쾌활하여 사교성이 좋으며 착실하게 노력하는 형이다. 수리(數理)가 흉격(凶格)이면 심장질환 또는 신장병, 방광염으로 고생할 우려가 있다. 왜냐하면 水극火 : 水와 火가 싸우는 형상(火→심장, 水→신장·방광에 해당)

火水火　성격이 급하고 신경질적이며 매사에 끈기가 없다. 또한 투기, 투자, 동업, 보증, 금전거래에 실패가 많으며 남녀 모두 배우자 덕이 없으며 고독하다. 심장질환이나 신장병, 방광염으로 고생할 우

려가 있다. 왜냐하면 水극火 : 水와 火가 싸우는 형상(火→심장, 水 →신장·방광에 해당)

火水土
예
13획 火
17획 水
9획 土

성격이 무뚝뚝하고 바른말을 잘하며 사교성이 부족하다. 남녀 모두 배우자 덕이 없으며 고독하다. 심장질환이나 신장병 또는 위장병으로 고생할 우려가 있다. 왜냐하면 水극火, 土극水 : 火는 水와 싸우고 土는 水와 싸우는 형상(火→심장, 水→신장, 土→위장에 해당)

火水金
예
13획 火
17획 水
10획 金

성격이 급하고 인정이 없으며 매사에 끈기가 없다. 관재, 구설수가 많이 따르며 남녀 모두 배우자 덕이 없으며 고독하다. 심장질환 또는 신장병, 방광염으로 고생할 우려가 있다. 왜냐하면 水극火 : 水와 火가 싸우는 형상(火→심장, 水→신장·방광에 해당)

火水水
예
13획 火
17획 水
13획 水

변덕이 심하고 인정이 없으며 남에게 지지 않으려는 완강한 고집이 있어서 자주 충돌이 일어나는 성격이다. 투기, 투자, 동업, 보증, 금전거래에 고생할 우려가 있다. 왜냐하면 水극火 : 水와 火가 싸우는 형상(火→심장, 水→신장·방광에 해당)

土木木 부모유산이 있을지라도 하고자 하는 일마다 성사가 어려워 탕진하기 쉬우며 관재, 구설이 많이 따르고 남녀모두 배우자 덕이 없으며 고독하다. 또한 위장병 또는 신경성 질환으로 고생할 우려가

있다. 왜냐하면 木극土 : 木과 土가 싸우는 형상(木 → 신경계통, 土 → 위장에 해당)

土木火 차분하게 관찰하고 주시하는 통찰력과 임기응변에 능하다. 수리가(數理)가 흉격(凶格)이면, 간장질환 또는 위장병으로 고생할 우려가 있다. 왜냐하면 木극土 : 木과 土가 싸우는 형상(木 → 간장, 土 → 위장에 해당)

土木土

예

5획 土
16획 木
9획 土

자존심이 강하고 독선적이며 변덕이 심하여 자주 충돌이 일어나는 성격이다. 겁탈, 재난, 손재, 실물, 파산, 파직, 이성문제 등으로 풍파가 많으며 가정적으로 불화가 많다. 또한 위장병이나 신경성 질환으로 고생할 우려가 있다. 왜냐하면 木극土 : 木과 土가 싸우는 형상(木 → 신경계통, 土 → 위장에 해당)

土木金

예

5획 土
6획 木
11획 金

고집이 세고 질투심이 많으며 변덕이 심하다. 하는 일마다 막힘이 많고 투기, 투자, 동업, 보증, 금전거래에 실패가 많으며 남녀 모두 배우자 덕이 없으며 고독하다. 위장병이나 간장 질환 또는 폐병, 기관지염으로 고생할 우려가 있다. 왜냐하면 木극土, 金극木 : 木과 土가 싸우고 金과 木이 싸우는 형상(土 → 위장, 木 → 간장, 金 → 폐 · 기관지에 해당)

土木水 매사를 즉흥적으로 처리하는 성격이며 끈기가 없고 낭

비가 심하다. 관재, 구설, 송사, 파직, 형액 등의 재앙을 당하기 쉬우며 남녀 모두 가정적으로 불화가 많다. 위장병이나 신경설 질환으로 고생할 우려가 있다. 왜냐하면 木극土 : 木과 土가 싸우는 형상(土→위장, 木→신경계통에 해당)

土火木 희생정신이 강하고 인정이 많아 남의 고통을 보면 정신적으로나 물질적으로 도와주는 성격이다. 수리(數理)가 길격(吉格)이면 부모덕, 형제덕, 배우자 덕이 있으며 항상 최선을 다한다면 도와주는 이가 많아 하고자하는 일이 순조로우며 직장운, 명예운, 재물운이 좋다.

土火火 성격이 명랑하고 쾌활하여 사교성은 좋으나 성질이 불같이 급하고 바른말을 잘하며 끈기가 부족한 것이 흠(결점)이다. 그러나 수리(數理)가 길격(吉格)이면 직장운, 사업운이 좋다.

土火土 성격이 명랑하고 쾌활하여 사교성이 좋으며 화술(話術)에 능하다. 수리(數理)가 길격(吉格)이면 부모덕, 배우자 덕이 있으며 항상 최선을 다한다면 운세가 열려있고 도와주는 이가 많으며 직장운, 사업운이 좋다.

土火金 깊은 추리력과 예민한 관찰력이 있으며 매사에 신중하고 치밀한 계획에 의해 실천하는 성격이다. 그러나 수리(數理)가 흉격(凶格)이면 심장질환이나 폐병 또는 기관

예	
5획	土
9획	火
8획	金

지염으로 고생할 우려가 있다. 왜냐하면 火극金 : 火와 金이 싸우는 형상(火→심장, 金→폐·기관지에 해당)

土火水

예	
5획	土
9획	火
10획	水

허영심이 많고 매사를 즉흥적으로 처리하는 성격이며 끈기가 없다. 이동, 이사, 여행, 해외출입 등 객지생활과 인연이 많으며 남녀 모두 이성문제로 풍파가 많다. 심장 질환이나 신장병 또는 방광염으로 고생할 우려가 있다. 왜냐하면 水극火 : 水와 火가 싸우는 형상(火→심장, 水 →신장·방광에 해당)

土土木

예	
5획	土
10획	土
12획	木

자손심이 강하고 독선적이며 변덕이 심하여 자주 충돌이 일어나는 성격이다. 겁탈, 재난, 손재, 실물, 파산, 파직, 이성문제 등으로 풍파가 많으며 가정적으로 불화가 많 다. 위장병 또는 간장질환, 신경쇠약 등으로 고생할 우려 가 있다. 왜냐하면 木극土 : 木과 土가 싸우는 형상(土→ 위장, 木→간장·신경계통에 해당)

土土火 성격이 명랑하고 쾌활하여 사교성이 좋으며 임기응변에 능하다. 수리(數理)가 길격(吉格)이면 부모덕, 배우자 덕이 많으며 항상 최선을 다한다면 도와주는 이가 많아 직장운, 명예운, 사업운 이 좋다.

土土土 성격이 무뚝뚝하고 바른말을 잘하며 융통성이 없다. 투

기, 투자, 동업, 보증, 금전거래에 실패가 많으며 남녀 모두 배우자 덕이 없으며 고독하다.

土土金 예술감각이 뛰어나고 인정이 많으며 어떤 일이든 적응력이 빠르다. 수리(數理)가 길격(吉格)이면 부모덕, 배우자 덕이 있으며 운세가 열려 있으니 항상 최선을 다한다면 도와주는 이가 많고 직장운, 명예운, 사업운이 좋다.

土土水
예
5획 土
11획 土
8획 水

변덕이 심하고 인정이 없으며 융통성이 부족하다. 겁탈, 재난, 손재, 실물, 파산, 파직, 이성 문제 등으로 풍파가 많으며 가정적으로 불화가 많다. 또한 위장병이나 신장병, 방광염으로 고생할 우려가 있다. 왜냐하면 土극水 : 土와 水가 싸우는 형상(土→위장, 水→신장·방광에 해당)

土金木
예
5획 土
13획 金
8획 木

자존심이 대단히 강하여 남에게 굽히기를 싫어하며 변덕이 심하다. 이동, 이사, 여행, 해외출입 등 객지 생활과 인연이 많으며 남녀 모두 배우자 덕이 없으며 고독하다. 신경성 질환이나 폐병 또는 기관지염으로 고생할 우려가 있다. 왜냐하면 金극木 : 金과 木이 싸우는 형상(木→신경계통, 金→폐·기관지에 해당)

土金火 자기본위대로 행동하는 고집은 있으나 총명하고 도량이 넓으며 낙천적이다. 그러나 수리(數理)가 흉격(凶格)이

면 심장질환이나 폐병 또는 기관지염으로 고생할 우려가
있다. 왜냐하면 火극金 : 火와 金이 싸우는 형상(火→심
장, 金→폐·기관지에 해당)

5획 土
12획 金
11획 火

土金土　성격이 온순하고 덕망이 있으며 종교와 인연을 맺는다.
또한 예술에 소질이 있으며 신앙생활에 독실한 편이다. 수리(數理)
가 길격(吉格)이면 부모덕, 배우자 덕이 있으며 운세가 열려 있으니
항상 최선을 다한다면 도와주는 이가 많아 직장운, 명예운, 사업운
이 좋다.

土金金　독선적이며 매사에 신중하고 치밀한 계획에 의해 실천하
는 성격이다. 수리(數理)가 길격(吉格)이면 부모덕, 배우자 덕이 있
으며 명예운, 재물운이 좋다.

土金水　자기본위대로 행동하는 고집은 있으나 희생 정신이 강하
고 인정이 많아 남의 고통을 보면 정신적으로나 물질적으로 도와주
는 성격이다. 수리(數理)가 길격(吉格)이면 부모덕, 배우자 덕이 있
으며 운세가 열려 있으니 항상 최선을 다한다면 도와주는 이가 많아
직장운, 명예운, 사업운이 좋다.

土水木　성격이 무뚝뚝하고 바른말을 잘하며 변덕이 심하다. 투
기, 투자, 동업, 보증, 금전거래에 실패가 많으며 남녀 모
두 배우자 덕이 없으며 고독하다. 위장병이나 신장병 또
는 방광염으로 고생할 우려가 있다. 왜냐하면 土극水 :

예
5획 土
14획 水
8획 木

土와 水가 싸우는 형상(土→위장, 水→신장·방광에 해당)

土水火	
예	성격이 무뚝뚝하고 융통성이 없으며 끈기가 부족하다. 겁탈, 재난, 손재, 실물, 파산, 파직, 이성문제 등으로 풍파가 많으며 가정적으로 불화가 많다. 위장병이나 신장병 또는 심장질환으로 고생할 우려가 있다. 왜냐하면 土극水, 水극火 : 土와 水가 싸우고, 水는 火와 싸우는 형상(土→위장, 水→신장, 火→심장에 해당)
5획 土 14획 水 10획 火	

土水火

예

5획 土
14획 水
10획 火

성격이 무뚝뚝하고 융통성이 없으며 끈기가 부족하다. 겁탈, 재난, 손재, 실물, 파산, 파직, 이성문제 등으로 풍파가 많으며 가정적으로 불화가 많다. 위장병이나 신장병 또는 심장질환으로 고생할 우려가 있다. 왜냐하면 土극水, 水극火 : 土와 水가 싸우고, 水는 火와 싸우는 형상(土→위장, 水→신장, 火→심장에 해당)

土水土

예

5획 土
14획 水
12획 土

허영심이 많고 독선적이며 변덕이 심하여 자주 충돌이 일어나는 성격이다. 관재, 구설, 송사, 파직, 형액 등의 재앙을 당하기 쉬우며 남녀 모두 인덕이 없다. 위장병이나 신장병 또는 방광염으로 고생할 우려가 있다. 왜냐하면 土극水 : 土와 水가 싸우는 형상(土→위장, 水→신장·방광에 해당)

土水金

예

5획 土
14획 水
4획 金

차분하게 관찰하고 주시하는 통찰력과 임기응변에 능하다. 수리(數理)가 흉격(凶格)이면 위장병 또는 신장병으로 고생할 우려가 있다. 왜냐하면 土극水 : 土와 水가 싸우는 형상(土→위장, 水→신장에 해당)

土水水

예

5획 土
14획 水
6획 水

자존심이 강하고 독선적이며 변덕이 심하여 자주 충돌이 일어나는 성격이다. 관재, 구설, 송사, 파직, 파산, 형액, 이성문제 등으로 풍파가 많으며 남녀 모두 배우자 덕이 없으며 고독하다. 위장병이나 신장병, 방광염으로 고생할 우려가 있다. 왜냐하면 土극水 : 土와 水가 싸우는 형상(土→위장, 水→선장·방광에 해당)

金木木

예

7획 金
14획 木
8획 木

성격이 무뚝뚝하고 바른말을 잘하며 융통성이 없고 끈기가 부족하다. 관재, 구설, 송사, 파직, 파산, 형액, 이성문제 등으로 풍파가 많으며 남녀 모두 배우자 덕이 없으며 고독하다. 폐병 또는 간장 질환, 신경성 질환으로 고생할 우려가 있다. 왜냐하면 金극木 : 金과 木이 싸우는 형상(金→폐, 木→간장·신경계통에 해당)

金木火

예

7획 金
14획 木
10획 火

자존심이 대단히 강하여 남에게 굽히기를 싫어하며 인정이 없고 변덕이 심하다. 투기, 투자, 보증, 금전거래에 실패가 많으며 남녀 모두 배우자 덕이 없으며 고독하다. 폐병 또는 간장 질환으로 고생할 우려가 있다. 왜냐하면 金극木 : 金과 木이 싸우는 형상(金→폐, 木→간장에 해당)

金木土

예

7획 金
14획 木
11획 土

고집이 세고 질투심이 많으며 변덕이 심하다. 겁탈, 재난, 손재, 파산, 파직, 형액, 이성문제 등으로 풍파가 많으며 여자는 과부가 되기 쉽다. 폐병 또는 간장 질환이나

위장병으로 고생할 우려가 있다. 왜냐하면 金극 木, 木
극土 : 金과 木이 싸우고, 木과 土가 싸우는 형상(金→
폐, 木→간장, 土→위장에 해당)

金木金

예

7획 金
4획 木
14획 金

성격이 곧고 강하여 바른말을 잘하며 사교성이 부족하고
매사 끈기가 없다. 관재, 구설, 손재, 파산, 파직, 형액,
이성문제 등으로 풍파가 많으며 여자는 과부가 되기 쉽
다. 폐병 또는 신경성 질환으로 고생할 우려가 있다. 왜
냐하면 金극木 : 金과 木이 싸우는 형상(金→폐, 木→신
경계통에 해당)

金木水

예

7획 金
5획 木
15획 水

사물을 관찰하는 예술적 감각이 뛰어나고 인정이 많으며
독립심이 강하다. 그러나 수리(數理)가 흉격(凶格)이면
폐병 또는 간장 질환, 신경쇠약으로 고생할 우려가 있다.
왜냐하면 金극木 : 金과 木이 싸우는 형상(金→폐, 木→
간장 · 신경계통에 해당)

金火木

예

7획 金
6획 火
5획 木

매사를 즉흥적으로 처리하는 성격이며 끈기가 없고 낭비
가 심하다. 관재, 구설, 송사, 파직, 형액 등의 재앙을 당
하기 쉬우며 남녀 모두 가정적으로 불화가 많다. 폐병,
기관지염이나 심장질환, 고혈압으로 고생할 우려가 있
다. 왜냐하면 火극金 : 火와 金이 싸우는 형상(金→폐 ·
기관지, 火→심장 · 혈압에 해당)

金火火
예
7획 金
16획 火
8획 火

성격이 불같이 급하고 바른말을 잘하며 매사에 끈기가 없다. 투기, 투자, 보증, 금전거래에 실패가 많으며 남녀 모두 배우자 덕이 없으며 고독하다. 폐병, 기관지염 또는 심장질환, 고혈압으로 고생할 우려가 있다. 왜냐하면 火 극金 : 火와 金이 싸우는 형상(金→폐ㆍ기관지, 火→심장ㆍ혈압에 해당)

金火土

인정이 많아 남의 고통을 보면 솔선수범, 정신적으로나 물질적으로 도와주는 성격이며 독립심이 강하다. 그러나 수리(數理)가 흉격(凶格)이면 기관지염 또는 심장질환, 고혈압으로 고생할 우려가 있다. 왜냐하면 火극金 : 火와 金이 싸우는 형상(金→기관지, 火→심장ㆍ혈압에 해당)

金火金
예
7획 金
6획 火
11획 金

성격이 곧고 강하여 바른말을 잘하며 사교성이 부족하고 매사에 끈기가 없다. 관재, 구설, 손재, 파산, 파직, 형액, 이성문제 등으로 풍파가 많으며 여자는 과부가 되기 쉽다. 폐병, 기관지염 또는 심장질환, 고혈압으로 고생할 우려가 있다. 왜냐하면 火극金 : 火와 金이 싸우는 형상 (金→폐ㆍ기관지, 火→심장ㆍ혈압에 해당)

金火水
예
7획 金
6획 火
13획 水

허영심이 많고 독선적이며 변덕이 심하여 자주 충돌이 일어나는 성격이다. 투기, 투자, 보증, 금전거래에 실패가 많으며 남녀 모두 배우자 덕이 없으며 고독하다. 폐병 또는 심장질환이나 신장병으로 고생할 우려가 있다. 왜

냐하면 火극金, 水극火 : 火와 金이 싸우고, 水와 火가 싸우는 형상(金→폐, 火→심장, 水→신장에 해당)

金土木
예
7획 金
8획 土
14획 木

성격이 급하고 인정이 없으며 매사에 끈기가 없다. 관재, 구설, 손재, 파산, 파직, 형액, 이성문제 등으로 풍파가 많으며 위장병 또는 신경성 질환으로 고생할 우려가 있다. 왜냐하면 木극土 : 木과 土가 싸우는 형상(土 → 위장, 木→신경계통에 해당)

金土火 예술적 감각이 뛰어나고 인정이 많으며 어떤 일이든 적응력이 빠르다. 수리(數理)가 길격(吉格)이면 부모덕, 형제덕, 배우자 덕이 많으며 도와주는 이가 많아 하고자 하는 일이 순조로우며 명예운, 재물운, 직장운이 좋다.

金土土 말보다는 몸소 실천하는 성격이며 사교성이 좋고 신앙심이 많다. 수리(數理)가 길격(吉格)이면 부모덕, 형제덕, 배우자 덕이 많으며 운세가 열려 있으니 항상 최선을 다한다면 도와주는 이가 많아 직장운, 명예운, 사업운이 좋다.

金土金 자기본위대로 행동하는 고집은 있으나 총명하고 도량이 넓으며 낙천적이다. 수리(數理)가 길격(吉格)이면 부모덕, 배우자 덕이 많으며 항상 최선을 다한다면 도와주는 이가 많아 직장운, 명예운, 사업운이 좋다.

金土水　성격이 명랑하고 쾌활하여 사교성이 좋으며 임기응변에
능하다. 수리(數理)가 길격(吉格)이면 배우자 덕이 많으며 명예운,
직장운, 재물운이 좋다.

金金木

예
7획 金
11획 金
10획 木

성격이 무뚝뚝하고 바른말을 잘하며 사교성이 부족하
다. 매사에 끈기가 부족하고 남녀 모두 부모덕, 형제덕,
배우자 덕이 없으며 고독하다. 폐병, 기관지염 또는 신
경성 질환으로 고생할 우려가 있다. 왜냐하면 金극木 :
金과 木이 싸우는 형상(金→폐·기관지, 木→신경계통
에 해당)

金金火

예
7획 金
10획 金
14획 火

변덕이 심하고 인정이 없으며 남에게 지지 않으려는 완
강한 고집이 있어서 자주 충돌이 일어나는 성격이다. 관
재, 구설, 손재, 파산, 파직, 형액, 이성문제 등으로 풍파
가 많으며 폐병 또는 심장병, 고혈압으로 고생할 우려가
있다. 왜냐하면 火극金 : 火와 金이 싸우는 형상(金→
폐, 火→심장·혈압에 해당)

金金土　깊은 추리력과 예민한 관찰력이 있으며 매사에 신중하
고 치밀한 계획에 의해 실천하는 성격이다. 수리(數理)가 길격(吉
格)이면 배우자 덕이 있으며 명예운, 직장운, 재물운이 좋다.

金金金　융통성이 부족하고 인정이 없으며 매사에 끈기가 없다.
남녀 모두 부모덕, 배우자 덕이 없으며 고독하다. 관재,

구설, 손재, 파산, 파직, 형액, 질병 등으로 풍파를 겪는
흉격이다.

金金水 선천적인 생활 신조가 근검절약이며 창조성을 추구하는
성격이다. 수리(數理)가 길격(吉格)이면 운세가 열려 있으니 항상 최
선을 다한다면 도와주는 이가 많아 직장운, 명예운, 사업운이 좋다.

金水木 사물을 관찰하는 예술적 감각이 뛰어나고 인정이 많으며
독립심이 강하다. 수리(數理)가 길격(吉格)이면 운세가 열려있으니
항상 최선을 다한다면 도와주는 이가 많아 직장운, 명예운, 재물운이
좋다.

金水火

소심하여 결단력이 없으니 행운을 놓치는 경우가 많으므
로 적극적인 용기를 길러야 한다. 관재, 구설, 송사, 파
직, 이성문제 등으로 풍파가 많으며 신장병, 방광염 또는
심장질환으로 고생할 우려가 있다. 왜냐하면 水극 火：
水가 火가 싸우는 형상(水→신장·방광, 火→심장에 해
당)

金水土

매사에 신중하고 치밀한 계획에 의해 실천하는 성격이며
화술(話術)에 능하다. 수리(數理)가 흉격(凶格)이면 신
장병, 방광염 또는 위장병으로 고생할 우려가 있다. 왜냐
하면 土극水：土와 水가 싸우는 형상(水 → 신장·방광,

土 → 위장에 해당)

金水金 자기본위대로 행동하는 고집은 있으나 사교성이 좋으며 낙천적이다. 수리(數理)가 길격(吉格)이면 부모덕이 있으며 운세가 열려 있으니 항상 최선을 다한다면 도와주는 이가 많아 직장운, 명예운, 재물운이 좋다.

金水水 성격이 명랑하고 쾌활하여 사교성이 좋으며 문장력이 뛰어나다. 수리(數理)가 길격(吉格)이면 부모덕이 있으며 운세가 열려 있으니 항상 최선을 다한다면 도와주는 이가 많아 직장운, 명예운, 재물운이 좋다.

水木木 명랑하고 쾌활하여 사교성이 좋으며 어질고 착하여 법(法)없이도 살 사람이다. 수리(數理)가 길격(吉格)이면 부모덕이 있으며 끈기가 부족한 것이 흠이니 항상 이점을 염두에 두고 인내력을 키우며 정진한다면 도와주는 이가 많아 직장운, 명예운, 재물운이 좋다.

水木火 천성이 온화하고 자상하며 매사에 충실하고 독립심이 강하다. 수리(數理)가 길격(吉格)이면 부모덕, 배우자 덕이 있으며 항상 최선을 다한다면 도와주는 이가 많아 명예나 직위가 상승하거나 사업이 번창하는 길격이다.

水木土 자존심이 대단히 강하고 질투심이 많으며 변덕이 심하여

자주 충돌이 일어나는 성격이다. 투기, 투자, 보증, 금전 거래에 실패가 많으며 남녀 모두 배우자 덕이 없고 고독하다. 위장병 또는 간장병, 신경성 질환으로 고생할 우려가 있다. 왜냐하면 木극土 : 木과 土가 싸우는 형상(土 → 위장, 木 → 간장·신경계통에 해당)

水木金

희생정신이 강하고 인정이 많아 남의 고통을 보면 정신적으로나 물질적으로 도와주는 성격이며 독립심이 강하다. 수리(數理)가 흉격(凶格)이면 신경성 질환이나 폐병, 기관지염으로 고생할 우려가 있다. 왜냐하면 金극木 : 金과 木이 싸우는 형상(木 → 신경계통, 金 → 폐·기관지에 해당)

水木水 예술적 감각이 뛰어나고 사교성이 좋으며 매사에 적극적이다. 수리(數理)가 길격(吉格)이면 부모덕이 있으며 운세가 열려 있으니 항상 최선을 다한다면 도와주는 이가 많아 직장운, 명예운, 재물운이 좋다.

水火木 차분하게 관찰하고 주시하는 통찰력과 화술(話術)에 능하다. 수리(數理)가 흉격(凶格)이면 신장병, 심장병, 고혈압으로 고생할 우려가 있다. 왜냐하면 水극火 : 水와 火가 싸우는 형상(水 → 신장, 火 → 심장·혈압에 해당)

성격이 불같이 급하고 신경질이 많으며 변덕이 심하다. 관재, 구설, 송사, 파직, 파산, 형액, 이성문제 등으로 풍파가 많으며 여자는 과부가 되기 쉽다. 신장병 또는 심장병, 고혈압으로 고생할 우려가 있다. 왜냐하면 水극 火 : 水와 火가 싸우는 형상(水→신장, 火→심장·혈압에 해당)

성격이 무뚝뚝하고 바른말을 잘하며 끈기가 부족하고 융통성이 없다. 투기, 투자, 보증, 금전 거래에 실패가 많으며 남녀 모두 배우자 덕이 없고 고독하다. 신장병, 방광염 또는 심장질환으로 고생할 우려가 있다. 왜냐하면 水극火 : 水와 火가 싸우는 형상(水→신장·방광, 火→심장에 해당)

변덕이 심하고 신경질이 많으며 융통성이 부족하다. 이동, 이사, 여행, 해외출입 등 객지생활과 인연이 많으며 남녀 모두 이성문제로 풍파가 많다. 신장병이나 심장병 또는 폐병으로 고생할 우려가 있다. 왜냐하면 水극 火, 火극金 : 水는 火와 싸우고 火는 金과 싸우는 형상(水→신장, 火→심장, 金→폐에 해당)

성격이 무뚝뚝하고 남의 일에 참견을 잘하며 말만 앞세우고 실천력이 없다. 관재, 구설, 송사, 파산, 파직, 형액, 이성문제 등으로 풍파가 많으며 남녀 모두 배우자 덕이

없고 고독하다. 심장질환이나 신장병, 방광염으로 고생
할 우려가 있다. 왜냐하면 水극火 : 水와 火가 싸우는 형
상(火→심장, 水→신장·방광에 해당)

水土木
예
9획 水
6획 土
6획 木

소심하고 의심이 많으며 끈기가 부족하다. 투기, 투자,
보증, 금전거래에 실패가 많으며 남녀 모두 배우자 덕이
없고 고독하다. 신장병, 위장병 또는 간장질환으로 고생
할 우려가 있다. 왜냐하면 土극水, 木극土 : 土와 水가 싸
우고 木과 土가 싸우는 형상(水→신장, 土→위장, 木→
간장에 해당)

水土火
예
9획 水
16획 土
7획 火

감정이 예민하고 신경질이 많으며 책임감이 부족하다.
관재, 구설, 송사, 파산, 파직, 이성문제 등으로 풍파가
많으며 남녀 모두 배우자 덕이 없고 고독하다. 신장병,
방광염 또는 위장병으로 고생할 우려가 있다. 왜냐하면
土극水 : 土와 水가 싸우는 형상(水→신장·방광, 土→
위장에 해당)

水土土
예
9획 水
7획 土
8획 土

자존심이 대단히 강하고 질투심이 많으며 변덕이 심하
여 자주 충돌이 일어나는 성격이다. 투기, 투자, 보증, 금
전거래에 실패가 많으며 남녀 모두 배우자 덕이 없고 고
독하다. 신장병 또는 위장병으로 고생할 우려가 있다. 왜
냐하면 土극水 : 土와 水가 싸우는 형상(水→신장, 土→
위장에 해당)

水土金

水土金

예

9획 水
6획 土
11획 金

지혜가 많고 판단력이 빠르며 통솔력은 있으나 독선적이다. 수리(數理)가 흉격(凶格)이면 신장병 또는 위장병으로 고생할 우려가 있다. 왜냐하면 土극水 : 土와 水가 싸우는 형상(水→신장, 土→위장에 해당)

水土水

예

9획 水
6획 土
14획 水

남의 일에 참견을 잘하며 낭비벽이 심하고 주색, 도박을 일삼는다. 관재, 구설, 송사, 파산, 파직, 형액, 이성문제 등으로 풍파가 많으며 남녀 모두 배우자 덕이 없고 고독하다. 신장병 또는 위장병, 신경성 질환으로 고생할 우려가 있다. 왜냐하면 土극水 : 土와 水가 싸우는 형상(水→신장, 土→위장 · 신경계통에 해당)

水金木

예

9획 水
8획 金
13획 木

인정이 많아 남의 고통을 보면 솔선수범 도와주는 성격이며 화술(話術)에 능하다. 수리(數理)가 흉격(凶格)이면 폐병, 기관지염 또는 간장질환으로 고생할 우려가 있다. 왜냐하면 金극木 : 金과 木이 싸우는 형상(金→폐 · 기관지, 木→간장에 해당)

水金火

예

9획 水
8획 金
15획 火

투지와 인내력이 부족하고 질투심이 많으며 융통성이 없다. 관재, 구설, 송사, 파산, 파직, 이성문제 등으로 풍파가 많으며 남녀 모두 인덕이 없다. 폐병이나 기관지염 또는 심장병, 혈압 등으로 고생할 우려가 있다. 왜냐하면 火극金 : 火와 金이 싸우는 형상(金→폐 · 기관지, 火→심장 · 혈압에 해당)

`水金土` 성격이 명랑하고 쾌활하여 대인관계가 좋으며 인정이 많다. 수리(數理)가 길격(吉格)이면 부모덕이 있으며 운세가 열려 있으니 항상 최선을 다한다면 도와주는 이가 많아 직장운, 명예운, 재물운이 좋다.

`水金金` 매사에 신중하고 치밀한 계획에 의해 실천하는 성격이며 문장력이 뛰어나다. 수리(數理)가 길격(吉格)이면 부부운, 자손운, 명예운, 재물운이 좋다.

`水金水` 지혜가 많고 판단력이 빠르며 매사에 적극적이고 통솔력이 있다. 수리(數理)가 길격(吉格)이면 부부운, 자손운, 명예운, 재물운이 좋다.

`水水木` 성격이 명랑하고 쾌활하여 사교성은 좋으나 맺고 끊는 것이 부족하다. 수리(數理)가 길격(吉格)이면 부모덕이 있으며 운세가 열려 있으니 항상 최선을 다한다면 도와주는 이가 많아 부부운, 자손운, 명예운, 재물운이 좋다.

`水水火`

예

9획 水
10획 水
14획 火

변덕이 심하고 매사를 즉흥적으로 처리하는 성격이며 낭비가 심하다. 관재, 구설, 송사, 파산, 파직, 이성문제 등으로 풍파가 많으며 남녀 모두 인덕이 없다. 신장병 또는 심장질환, 혈압 등으로 고생할 우려가 있다. 왜냐하면 水극火 : 水와 火가 싸우는 형상(水 → 신장, 火 → 심장 · 혈압에 해당)

166

水水土

예
9획 水
10획 水
6획 土

성격이 무뚝뚝하고 신경질이 많으며 끈기가 부족하고 의심이 많다. 관재, 구설, 송사, 파산, 파직 등으로 풍파가 많으며 남녀 모두 배우자 덕이 없고 고독하다. 신장병, 방광염 또는 위장병으로 고생할 우려가 있다. 왜냐하면 土극水 : 土와 水가 싸우는 형상(水 → 신장·방광, 土 → 위장에 해당)

水水金

예술적 감각이 뛰어나고 사교성이 좋으며 매사에 적극적이다. 수리(數理)가 길격(吉格)이면 운세가 열려 있으니 항상 최선을 다한다면 도와주는 이가 많아 직장운, 명예운, 재물운이 좋다.

水水水

예
9획 水
10획 水
10획 水

두뇌는 명석하나 남의 일에 참견을 잘하며 말만 앞세우고 실천력이 없다. 또한 허영심이 많고 독선적이다. 남녀 모두 이성문제로 풍파가 많으며 유혹에 빠지기 쉽고 망신, 관재, 구설이 늘 따른다. 특히 여자는 공방(空房)을 지키는 날이 많으며 남편복이 없다.

제10장

작명시 틀리기 쉬운
한자 획수

大運 따르는 이름짓는 법

획수 계산법(劃數計算法) 해설

많은 분들이 물이름 수(洙)자가 9획이지 왜 10획이냐고 묻는 분들이 많다. 그러나 옥편(玉篇)에서 보면 물이름 수(洙)는 삼수변(氵)이라 작명을 할 시에는 氵(水)물 수이므로 3획이 아니고 4획이다. 그러므로 물 이름 수(洙)는 10획이 된다.
이외에도 혼동하기 쉬운 획수가 많아 획수색인표를 수록하였으니 많이 활용하길 바란다.

● 氵(水) - 물수변이므로 3획이 아니라 4획이다.

汀 6	江 7	汝 7	池 7	沈 8	沃 8
물가 정	물 강	너 여	못 지	성 심	기름질 옥
法 9	泳 9	治 9	河 9	洙 10	津 10
법 법	헤엄칠 영	다스릴 치	물 하	물이름 수	나루 진
洪 10	浩 11	淳 12	湜 13	源 14	準 14
넓을 홍	넓은 호	순박할 순	물맑을 식	근원 원	법 준

● 扌(手) - 손수변이므로 3획이 아니라 4획이다.

扶 8	抒 8	振 11	捧 12	授 12	揆 13
도울 부	펼 서	떨칠 진	받들 봉	줄 수	헤아릴 규

● 忄(心) - 마음심변이므로 3획이 아니라 4획이다.

快8	性9	怡9	恒10	悅11	悟11
쾌할 쾌	성품 성	기쁠 이	항상 항	기쁠 열	깨달을 오
情12	愼14	憬16	懽 22		
뜻 정	삼갈 신	깨달을 경	기뻐할 환		

● 王(玉) - 구슬옥변이므로 4획이 아니라 5획이다.

玟9	珏10	珉10	珍10	珠11	理12
옥돌민	쌍옥 각	옥돌 민	보배 진	구슬 주	다스릴 리
現12	琴13	瑄14	瑛14	瑗14	瑞14
나타날 현	거문고 금	도리옥 선	옥광채 영	도리옥 원	상서로울 서
瑢15	瑾16	璟17			
옥소리 용	붉은옥 근	옥광채 경			

● 犭(犬) - 개견변이므로 4획이다.

狎9	猶13	獲18			
누를 압	오히려 유	얻을 획			

● 礻(示) - 보일시변이므로 5획이다.

祚 10	祗 10	祥 11	祿 13	福 14	禎 14
복조 조	공경할 지	상서로울 상	녹 록	복 복	상서 정

● 月(肉) - 고기육변이므로 6획이다.

肖 9	育 10	胤 11	胄 11	能 12	
같을 초	기를 육	맏 윤	자손 주	능할 능	

● 衤(衣) - 옷의변이므로 6획이다.

表 9	裏 13	補 13	裕 13	複 15	
겉 표	속 리	기울 보	넉넉할 유	겹칠 복	

● 罒(网) - 그물망변이므로 6획이다.

置 14	署 15	羅 20			
둘 치	관청 서	벌일 라			

- ++(艸) - 초두밑이므로 6획이다.

芳 10 꽃다울 방	芙 10 연꽃 부	芮 10 나라 예	芝 10 지초 지	花 10 꽃 화	苟 11 진실로 구
茂 11 무성할 무	若 11 같을 약	英 11 꽃뿌리 영	苑 11 동산 원	茶 12 차 다	筍 12 풀이름 순
草 12 풀 초	莖 13 줄기 경	莊 13 장중할 장	菊 14 국화 국	菩 14 보살 보	菖 14 창포 창
華 14 빛날 화	萬 15 일만 만	蔡 17 나라이름 채	薛 19 나라이름 설	蘇 22 깨어날 소	

- 辶(辵) - 책받침변이므로 7획이다.

迎 11 맞을 영	述 12 지을 술	送 13 보낼 송	追 13 따를 추	通 14 통할 통	連 14 연할 련
造 14 지을 조	透 14 통할 투	逸 15 편안할 일	進 15 나아갈 진	運 16 돌 운	達 16 통달할 달
道 16 길 도	遂 16 드디어 수	遠 17 멀 원	遺 19 끼칠 유	還 20 돌아올 환	

- 阝(邑) - 고을읍변이므로 7획이다.(우측에 붙을 경우)

邦11	那11	邱12	郁13	郡14	郎14
나라 방	어찌 나	언덕 구	문채날 욱	고을 군	사내 랑
郭15	部16	都16	鄭19		
외성 곽	떼 부	도읍 도	나라 정		

- 阝(阜) - 언덕부변이므로 8획이다.(좌측에 붙을 경우)

阮12	阿13	院15	陣15	陶16	陸16
성 완	언덕 아	집 원	진칠 진	질그릇 도	뭍 륙
陵16	陪16	陳16	陽17	隆17	隣20
언덕 릉	모실 배	베풀 진	볕 양	높을 룽	이웃 린

174

● 숫자를 획수로 보는 법

一 1	二 2	三 3	四 4	五 5	六 6
한 일	두 이	석 삼	넉 사	다섯 오	여섯 육
七 7	八 8	九 9	十 10	百 6	千 3
일곱 칠	여덟 팔	아홉 구	열 십	일백 백	일천 천
萬 15					
일만 만					

숫자의 획수도 틀리기 쉬운 획수이므로 위와 같이 참고하면 된다.

제11장

大運 따르는 이름짓는 법

발음오행에 의한
인명용 한자

木(ㄱ·ㅋ)의 글자

※ 숫자는 한자의 획수를 나타냄

가	可 5 옳을	加 5 더할	伽 7 절	佳 8 아름다울	呵 8 꾸짖을	架 9 세울
	柯 9 가지	枷 9 도리깨	珂 9 흰옥돌	苛 9 매울	家 10 집	哥 10 노래	痂 10 헌데딱지
	哿 10 좋을	假 11 거짓	笳 11 연줄기	袈 11 가사	街 12 거리	迦 12 막을	軻 12 수레
	訶 12 꾸짖을	跏 12 책상다리할	嫁 13 시집갈	暇 13 겨를	賈 13 값	歌 14 노래	嘉 14 아름다울
	稼 15 심을	駕 15 수레	價 15 값				
각	各 6 각각	角 7 뿔	却 7 물리칠	刻 8 새길	珏 10 쌍옥	恪 10 공경
	殼 12 껍질	脚 13 다리	閣 14 집	慤 14 삼갈	愨 15 삼갈	覺 20 깨달을
간	干 3 방패	刊 5 새길	艮 6 간방	奸 6 범할	杆 7 줄기	侃 8 강직할

玗 8 옥돌	柬 9 가릴	竿 9 장대	姦 9 간사할	肝 9 간	看 9 볼	栞 10 표할
桿 11 볏짚	間 12 사이	揀 13 가릴	幹 13 줄기	諫 16 간할	澗 16 산골물	墾 16 밭갈
懇 17 정성	磵 17 산골짜기물	艱 17 어려울	癇 17 간기	簡 18 편지		
갈	乫 6 땅이름	曷 9 어찌	喝 12 꾸짖을	渴 13 목마를	碣 14 비석	竭 14 다할
葛 15 칡	褐 15 털옷	蝎 15 나무좀	鞨 18 나라이름			
감	甘 5 달	坎 7 구덩이	邯 8 땅이름	柑 9 감귤	疳 10 감질	紺 11 감색
勘 11 마감할	敢 12 용맹할	堪 12 견딜	嵌 12 산깊을	戡 13 이길	減 13 감할	感 13 느낄
監 14 볼	橄 16 감람나무	瞰 17 굽어볼	憾 17 한할	龕 22 감실	鑒 22 밝을	鑑 22 거울
갑	甲 5 갑옷	匣 7 갑	岬 8 산허리	胛 11 어깨	閘 13 물문	鉀 13 갑옷

강	江 7	杠 7	羌 8	岡 8	姜 9	舡 9
	강	적은다리	종족이름	산등성이	성	오나라배
	剛 10	强 11	堈 11	康 11	崗 11	絳 12	强 12
	굳셀	강할	언덕	편안	산등성이	진홍	굳셀
	畺 13	降 14	綱 14	踦 14	嫌 14	腔 14	慷 15
	지경	내릴	벼리	우뚝설	편안할	속빌	강개할
	彊 16	鋼 16	鏗 16	橿 17	講 17	糠 17	襁 18
	강할	강철	굳셀	박달나무	강론할	겨	포대기
	薑 19	鱇 22					
	성씨	아귀					
개	介 4	价 6	改 7	皆 9	玠 9	疥 9
	중매할	클	고칠	다	큰홀	옴
	個 10	豈 10	芥 10	盖 11	開 12	凱 12	塏 13
	낱	어찌	겨자	덮을	열	개선할	높고건조할
	箇 14	愾 14	愷 14	慨 15	槪 15	漑 15	蓋 16
	낱	성낼	즐거울	슬퍼할	대강	물댈	덮을
	鎧 18						
	갑옷						

객	客 9 손	喀 12 토할				
갱	更 7 다시	坑 7 빠질	坑 7 구덩이	粳 13 메벼	羹 19 국	
거	去 5 갈	巨 5 클	車 7 수레	居 8 살	拒 9 막을	炬 9 횃불
	倨 10 거만할	祛 10 떨어없앨	距 12 지낼	据 12 의지할	渠 13 개천	鉅 13 클	踞 15 웅크릴
	鋸 16 톱	擧 17 들	據 17 웅거할	遽 20 급할		
건	巾 3 수건	件 6 조건	建 9 세울	虔 10 공경할	乾 11 하늘	健 11 굳셀
	楗 13 문빗장	愆 13 허물	腱 15 힘줄	漧 15 하늘	鍵 17 열쇠	蹇 17 절	騫 20 어지러질
걸	乞 3 빌	杰 8 호걸	桀 10 홰	傑 12 호걸		
검	鈐 12 비녀장	劍 15 칼	儉 15 검소할	黔 16 검을	檢 17 봉할	瞼 18 눈꺼풀

181

겁	劫 7 위협할	怯 9 겁낼	迲 12 갈			
게	偈 11 쉴	揭 13 들	憩 16 쉴			
격	格 10 격식	覡 14 박수	膈 16 흉격	激 17 물결부딪쳐흐를	檄 17 과격할	擊 17 칠
隔 18 막을						
견	犬 4 개	見 7 볼	肩 10 어깨	堅 11 굳을	牽 11 이끌	絹 13 비단
甄 14 질그릇	遣 17 보낼	鵑 18 뻐꾹새	繭 19 고치	譴 21 꾸짖을		
결	決 8 결단할	抉 8 도려낼	缺 10 어지러질	訣 11 비결	結 12 맺을	潔 16 맑을
겸	兼 10 겸할	鉗 13 칼	慊 14 찐덥지않을	箝 14 재갈먹일	槏 14 창틀	謙 17 겸손할
鎌 18 낫						

182

경	冂 2 멀	冏 7 빛날	更 7 고칠	炅 8 빛날	庚 8 별	京 8 서울
	坰 8 들	京 9 서울	俓 9 곧을	勁 9 굳셀	勍 10 굳셀	耿 10 빛날	徑 10 지름길
	耕 10 밭갈	倞 10 굳셀	頃 11 이랑	竟 11 마침내	涇 11 통할	梗 11 줄기	絅 11 끌어죌
	烱 11 빛날	卿 12 벼슬	景 12 볕	硬 12 굳셀	痙 12 심줄당길	敬 13 공경할	經 13 글
	莖 13 줄기	傾 13 기울어질	脛 13 정강이	輕 14 가벼울	逕 14 곧을	境 14 지경	慶 15 경사
	熲 15 빛날	儆 15 경계할	憬 16 깨달을	暻 16 밝을	頸 16 목	磬 16 경쇠	璟 17 옥빛
	橄 17 등불	擎 17 들	憼 17 공경할	檠 17 등잔대	璥 18 경옥	鯨 19 고래	鶊 19 꾀꼬리
	鏡 19 거울	瓊 20 구슬	警 20 경계할	競 20 다툴	驚 23 놀랠		
계	系 7 맬	戒 7 경계할	季 8 끝	屆 8 이를	契 9 맺을	癸 9 북방

界9	計9	係9	桂10	烓10	啓11	械11
지경	셈할	이을	계수나무	화덕	열	기계
悸12	棨12	堺12	誡14	溪14	稽15	磎15
두근거릴	창	지경	경계할	시내	머무를	시내
階17	繫19	繼20	鷄21			
섬돌	맬	이을	닭			
고	古5	叩5	尻5	考6	攷6	告7
	옛	두드릴	꽁무니	상고할	상고할	알릴
固8	孤8	姑8	呱8	杲8	故9	枯9
굳을	홀로	시어머니	울	밝을	옛	마를
高10	庫10	羔10	皋10	股10	拷10	苦11
높을	곳집	새끼양	못	넓적다리	칠	쓸
茲11	皐11	袴12	辜12	雇12	鼓13	痼13
줄	언덕	바지	허물	품살	북칠	고질
敲14	誥14	睾14	槁14	菰14	暠14	稿15
두드릴	가르칠	못고	마른나무	향초	깨끗할	볏짚
錮16	膏16	藁20	顧21	蠱23		
막을	살찔	마를	돌아볼	독		

곡	曲 6 굽을	谷 7 골	哭 10 울	梏 11 쇠고랑	斛 11 휘	穀 15 곡식
鵠 18 고니						
곤	困 7 곤할	坤 8 따	昆 8 맏	崑 11 산이름	梱 11 문지방	袞 11 곤룡포
棍 12 몽둥이	琨 13 아름다운옥	滾 15 물흐를	錕 16 붉은금	鯤 19 물고기알		
골	骨 10 뼈	滑 14 어지러울				
공	工 3 장인	孔 4 구멍	公 4 귀	功 5 공	共 6 한가지	攻 7 칠
空 8 빌	供 8 이바지	拱 9 두손맞잡을	恭 10 공손할	貢 10 바칠	恐 10 두려울	蚣 10 지네
珙 11 크고둥근옥	控 12 당길	鞏 15 굳을				
과	戈 4 창	瓜 5 오이	果 8 과실	科 9 과거	誇 13 자랑할	跨 13 타넘을

185

菓 14 과실	寡 14 과부	課 15 과목	過 16 지날	顆 17 낟알	鍋 17 노구솥
곽	廓 14 둘레	郭 15 성곽	槨 15 덧널	藿 22 콩잎	
관	串 7 꿰일	官 8 벼슬	冠 9 갓	梡 11 도마	貫 11 꿸	款 12 정성스러울
棺 12 널	琯 13 옥저	管 14 대통	菅 14 골풀	慣 15 익숙할	寬 15 너그러울	錧 16 비녀장
館 17 객사	關 19 빗장	灌 22 물댈	瓘 23 서옥	罐 24 두레박	觀 25 볼	
괄	刮 8 깎을	括 10 맺을	恝 10 걱정없을	适 13 빠를	
광	広 5 넓을	光 6 빛	匡 6 바를	狂 8 미칠	昡 8 햇볕뜨거울	炚 8 햇볕뜨거울
侊 8 클	桄 10 베틀	洸 10 물솟을	珖 11 옥피리	筐 12 광주리	胱 12 오줌통	廣 15 넓을
壙 18 들판	曠 19 밝을	鑛 23 쇳돌				

괘	卦 8 걸	掛 12 걸	罣 14 거리낄			
괴	乖 8 어그러질	怪 9 괴이할	拐 9 속일	傀 12 클	塊 13 흙덩어리	愧 14 부끄러울
槐 14 회화나무	魁 14 괴수	壞 19 무너뜨릴				
굉	宏 7 클	肱 10 팔뚝	紘 10 갓끈	轟 21 울릴		
교	巧 5 공교로울	交 6 사귈	佼 8 예쁠	咬 9 새소리	姣 9 예쁠	狡 10 교활할
校 10 학교	教 11 가르칠	皎 11 달빛	喬 12 큰나무	絞 12 목맬	蛟 12 상어	較 13 비교할
郊 13 들	嬌 15 아름다울	嶠 15 뾰족하게높을	憍 15 교만할	餃 15 경단	橋 16 다리	噭 16 부르짖을
膠 17 아교	矯 17 바로잡을	鮫 17 상어	翹 18 꼬리긴털	蕎 18 메밀	轎 19 가마	驕 22 교만할
攪 24 어지러울						

187

구	久 3	口 3	仇 4	勾 4	句 5	丘 5
	오랠	입	원수	굽을	글귀절	언덕
	究 7	灸 7	求 7	具 8	坵 8	咎 8	玖 8
	궁리할	뜸	구할	갖출	언덕	허물	검은돌
	枸 9	垢 9	柩 9	耉 9	九 9	拘 9	狗 9
	호깨나무	때	널(시체넣는상자)	노인얼굴에기미낄	아홉	잡을	개
	矩 10	俱 10	救 11	區 11	苟 11	寇 11	耆 11
	법	함께	구원할	구역	진실로	도둑	늙을
	毬 11	邱 12	球 12	鳩 13	鉤 13	舅 13	絿 13
	공	언덕	옥경쇠	비둘기	갈고랑이	시아비	급할구
	逑 14	構 14	嶇 14	廏 14	嘔 14	溝 14	銶 15
	짝	이을	험할	마구간	노래할	개천	끌
	駒 15	毆 15	歐 15	龜 16	颶 17	購 17	瞿 18
	망아지	때릴	칠	거북	폭풍	살	놀랄
	謳 18	軀 18	舊 18	驅 21	懼 22	鷗 22	衢 24
	노래할	몸	옛	몰	두려울	갈매기	네거리
국		局 7	国 8	國 11	菊 14	鞠 17	鞫 18
		판	나라	나라	국화	공	국문할

麴 19 누룩(술)					
군	君 7 임금	軍 9 군사	窘 12 막힐	群 13 무리	裙 13 치마	郡 14 고을
굴	屈 8 굽을	堀 11 굴	窟 13 굴	掘 13 팔		
궁	弓 3 활	穹 8 하늘	芎 9 궁궁이	宮 10 집	躬 10 몸	窮 15 다할
권	卷 8 책	券 8 문서	拳 10 주먹	倦 10 게으를	眷 11 돌아볼	圈 11 짐승우리
捲 12 말권(거둘권)	淃 12 물돌아흐를	勸 20 권할	權 22 권세			
궐	厥 12 그	獗 16 날뛸	闕 18 대궐	蕨 18 고사리	蹶 19 넘어질	
궤	机 6 책상	軌 9 길	詭 13 속일	潰 16 무너질	櫃 18 궤(상자)	饋 21 먹일
귀	句 5 구절	鬼 10 귀신	貴 12 귀할	鈗 14 삽	龜 16 거북	歸 18 돌아갈

189

규	叫 5 울	圭 6 서옥	糾 7 꼴	糾 8 살필	赳 9 헌걸찰	奎 9 별
	邽 9 고을이름	規 11 법	珪 11 서옥	硅 11 규소	湀 13 물솟아오를	揆 13 헤아릴	閨 14 색시
	巏 14 가는허리	逵 15 큰길	槻 15 물푸레나무	葵 15 해바라기	窺 16 엿볼	竅 18 구멍	
균	勻 4 두루	均 7 고를	畇 9 개간할	鈞 12 무거울	筠 13 대나무	菌 14 버섯
귤	橘 16 귤나무					
극	克 7 이길	剋 9 이길	戟 12 창	棘 12 가시	極 13 다할	劇 15 연극
	隙 18 틈					
근	斤 4 날	劤 6 강한	根 10 뿌리	芹 10 미나리	近 11 가까울	筋 12 힘줄
	僅 13 겨우	勤 13 부지런할	嫤 14 고울	菫 14 제비	漌 15 맑을	槿 15 무궁화	瑾 16 붉은옥

190

懃 17 은근할	覲 18 뵈올	謹 18 삼갈	饉 20 주릴		
글	契 9 부족이름(계, 설)				
금	今 4 이제	妗 7 외숙모	金 8 쇠	昑 8 밝을	衾 10 이불	芩 10 풀이름
	衿 10 옷깃	禁 13 금할	琴 13 거문고	禽 13 새	錦 16 비단	擒 17 사로잡을	檎 17 능금나무
	襟 19 옷깃					
급	及 4 미칠	伋 6 속일	扱 8 미칠	汲 8 물길을	急 9 급할	級 10 등급
	給 12 줄					
긍	亘 6 뻗칠	亙 6 뻗칠	矜 9 자랑할	肯 10 즐길	兢 14 조심할	
기	己 3 몸	企 6 바랄	伎 6 재주	杞 7 구기자	忌 7 꺼릴	圻 7 서울지경

191

岐 7 나뉠	肌 8 살	沂 8 물이름	祁 8 성할	妓 8 기생	祇 8 땅귀신	奇 8 기이할
玘 8 패옥	其 8 그	技 8 재주	汽 8 물끓는김	祈 9 빌	紀 9 벼리	起 10 일어날
記 10 기록할	豈 10 어찌	氣 10 기운	耆 10 늙을	基 11 터	旣 11 이미	飢 11 주릴
崎 11 산길험할	寄 11 부탁할	埼 11 험할	淇 12 강이름	朞 12 돌	幾 12 몇	棋 12 바둑
欺 12 속일	棄 12 버릴	期 12 기약할	琪 13 옥	祺 13 길할	嗜 13 즐길	琦 13 옥이름
畸 13 뙈기밭	碁 13 바둑	稘 13 일주년	嗜 13 즐길	綺 14 비단	箕 14 키	檟 14 오리나무
暣 14 볕기운	旗 14 기	畿 15 경기	錡 16 밥솥	器 16 그릇	機 16 베틀	璂 16 고깔꾸미개
冀 16 바랄	錤 16 호미	璣 17 구슬	磯 17 자갈	騏 18 천리마	騎 18 말탈	鐖 18 갈
麒 19 기린	譏 19 나무랄	夔 20 조심할	饑 21 주릴	羈 24 굴레	驥 26 천리마	

긴	緊 14 급할				
길	吉 6 길할	佶 8 바를	姞 9 삼갈	桔 10 도라지	拮 10 일할
김	金 8 성(쇠금)				
끽	喫 12 먹을				
쾌	夬 4 결단할	快 8 쾌할			

火(ㄴ·ㄷ·ㄹ·ㅌ)의 글자

※ 숫자는 한자의 획수를 나타냄

나	奈 8	拏 9	柰 9	挐 10	拿 10	挪 10
	어찌	당길	어찌(능금나무내)	붙잡을	잡을	유용할
	娜 10	那 11	梛 11	朒 12	喇 12	懦 18	糯 20
	아름다울	어찌	나무이름	성길	나팔	부드러울	찰벼
	儺 21					
	역귀쫓을					
낙	諾 16					
	허락할					
난	煖 13	暖 13	難 19			
	더울	따뜻할	어려울			
날	捏 11	捺 12				
	이길	손으로누를				
남	男 7	枏 8	南 9	楠 13	湳 13	
	사내	녹나무	남녘	들메나무	물이름	
납	納 10	衲 10				
	들일	기울(옷을깁다)				

194

낭	娘 10	囊 22				
	아가씨	주머니				
내	乃 2	內 4	奈 8	耐 9	柰 9	
	이에	안	어찌	견딜	능금나무	
녀	女 3					
	계집					
년	年 6	秊 8	撚 16			
	해	해	비틀			
념	念 8	拈 9	恬 10	捻 12		
	생각	집을	편안할	비틀		
녕	佞 7	寗 13	寧 14	獰 18		
	아첨할	차라리	편안할	영악할		
노	奴 5	努 7	弩 8	怒 9	瑙 14	駑 15
	종	힘쓸	쇠뇌	성낼	옥돌	둔할
농	農 13	濃 17	膿 19			
	농사	무르녹을	고름			
뇨	尿 7	鬧 13	譊 19			
	오줌	시끄러울	볼멘소리할			

195

눈	嫩 14 어릴					
눌	訥 11 말더듬을					
뇌	惱 13 번뇌할	腦 15 머릿골				
뉴	杻 8 박달나무	紐 10 맺을	鈕 12 인꼭지			
능	能 12 능할					
니	尼 5 중	泥 9 진흙	柅 9 무성할	馜 14 진한향기	膩 16 살찔	瀰 18 많을
닉	匿 11 숨을	溺 14 빠질				
다	多 6 많을	夛 6 두터울	爹 10 아비	茤 10 마름	茶 12 차	
단	丹 4 붉을	旦 5 아침	但 7 다만	段 9 조각	彖 9 판단할	胆 9 밝을

袒 11 웃통벗을	蛋 11 새알	短 12 짧을	單 12 홑	湍 13 여울	亶 13 믿을	煓 13 불꽃성할
端 14 끝	團 14 둥글	緞 15 신뒤축	壇 16 단	檀 17 박달나무	鍛 17 단련할	斷 18 끊을
簞 18 대광주리	鄲 19 조나라서울					
달	疸 10 활달	達 16 통달할	撻 17 매질할	澾 17 미끄러울	獺 20 수달	
담	坍 7 물언덕칠	倓 10 편안할	啖 11 씹을	聃 11 귓바퀴없을	淡 12 맑을	覃 12 뻗을
湛 13 즐길	痰 13 가래	談 15 말씀	潭 16 연못	曇 16 흐릴	錟 16 창	憺 17 편안할
澹 17 성	擔 17 멜	蕁 18 지모	膽 19 쓸개	譚 19 말씀		
답	杳 8 거듭	畓 9 논	答 12 대답	踏 15 밟을	遝 17 뒤섞일	
당	唐 10 나라	堂 11 집	棠 12 팥배나무	當 13 마땅	塘 13 못	幢 15 기

撞 16 칠	糖 16 엿	螳 17 사마귀	檔 17 책상	黨 20 무리	鐺 21 쇠사슬	戇 28 어리석을
대	大 3 큰	代 5 대신	旲 7 햇빛	岱 8 태산	坮 8 집	抬 8 들
待 9 기다릴	玳 10 대모	袋 11 자루	帶 11 띠	貸 12 빌릴	對 14 대답할	臺 14 집
隊 17 떼	黛 17 눈썹먹	擡 18 움직거릴	戴 18 일			
댁	宅 6 집					
덕	悳 12 덕	德 15 큰				
도	刀 2 칼	到 8 이를	度 9 법	桃 10 복숭아	徒 10 무리	挑 10 휠
島 10 섬	倒 10 거꾸러질	堵 12 담	盜 12 도적	掉 12 흔들	棹 12 노	屠 12 잡을
悼 12 슬퍼할	淘 12 쌀일	塗 13 진흙	渡 13 건널	跳 13 뛸	逃 13 도망할	圖 14 그림

途 14 길	嶋 14 섬	滔 14 물흐를	搗 14 찧을	睹 14 볼	萄 14 포도	稻 15 벼
都 16 도읍	道 16 길	陶 16 질그릇	導 16 인도할	賭 16 도박	覩 16 볼	馪 16 향기로울
鍍 17 도금할	蹈 17 밟을	濤 18 큰물결	櫂 18 노	燾 18 비출	禱 19 기도할	韜 19 감출
독	禿 7 대머리	毒 8 독할	督 13 살펴볼	篤 16 도타울	獨 17 홀로	瀆 19 도랑
牘 19 편지	犢 19 송아지	讀 22 읽을	纛 25 기(평의꽁지로장식한기)			
돈	旽 8 밝을	沌 8 어두울	豚 11 돼지	敦 12 도타울	焞 12 거북등지지는홰	惇 12 두터울
頓 13 조아릴	墩 15 돈대	暾 16 해돋을	燉 16 빛날			
돌	乭 6 이름	突 9 우뚝할				
동	冬 5 겨울	仝 5 한가지	同 6 한가지	彤 7 붉을	東 8 동녘	垌 9 항아리

烔 10 뜨거운모양	疼 10 아플	桐 10 오동	凍 10 얼	洞 10 고을	動 11 움직일	棟 12 들보
童 12 아이	胴 12 큰창자	銅 14 구리	蝀 14 무지개	董 15 동독할	潼 16 물이름	憧 16 그리워할
橦 16 나무이름	朣 16 달뜰	曈 16 동틀	瞳 17 눈동자			
두	斗 4 말	豆 7 콩	杜 7 막을	枓 8 주두	兜 11 투구	痘 12 천연두
阧 12 가파를	荳 13 콩	逗 14 머무를	頭 16 머리	竇 20 구멍	讀 22 구절	
둔	屯 4 진칠	芚 10 싹틀	鈍 12 둔할	遁 16 피할	遯 18 달아날	臀 19 볼기
둘	乧 5 음역자					
득	得 11 얻을					
등	登 12 오를	等 12 무리	嶝 15 고개	燈 16 등불	橙 16 등자나무	謄 17 베낄

鄧 19 나라이름	騰 20 오를	藤 21 덩쿨				
라	剌 9 칠	喇 12 나팔	裸 14 벌거벗을	摞 14 쌓아올릴	蓏 14 열매	螺 17 소라
覶 19 자세할	羅 20 벌일	懶 20 게으를	癩 21 약물중독	蘿 25 쑥	邏 26 순행할	
락	洛 10 물이름	烙 10 지질	珞 11 목걸이	絡 12 연락할	酪 13 타락	落 15 떨어질
樂 15 즐길	駱 16 흰말					
란	卵 7 알	亂 13 어지러울	爛 21 촛불	欄 21 난간	瀾 21 큰물결	瓓 22 옥광채
欒 23 둥글	蘭 23 난초	鸞 30 난새				
랄	剌 9 어그러질	辣 14 매울				
람	婪 11 탐할	嫏 11 예쁠	嵐 12 아지랑이	擥 18 잡을	藍 20 쪽	襤 20 누더기

201

籃 20	覽 21	灆 21	欖 25	攬 25	纜 27	
큰불우리	볼	물맑을	감람나무	잡을	닻줄	
랍	拉 9	臘 21	蠟 21			
	꺾을	납향	밀			
랑	浪 11	朗 11	狼 11	烺 11	琅 12	廊 13
	물결	밝을	이리(짐승)	빛밝을	옥돌	행랑
螂 13	郎 14	瑯 15	螂 16			
사마귀	사나이	낭간옥	버마재비			
래	來 8	崍 11	徠 11	萊 14		
	올	산이름	위로할	명아주		
랭	冷 7					
	찰					
략	略 11	掠 12				
	간략할	노략질할				
량	良 7	兩 8	亮 9	涼 10	倆 10	梁 11
	어질	둘	밝을	서늘할	재주	들보
量 12	涼 12	糧 13	粱 13	諒 15	樑 15	輛 15
헤아릴	서늘할	양식	기장	믿을	들보	수레

糧 18 양식					
려	呂 7 성씨	戾 8 어그러질	侶 9 짝	旅 10 나그네	盧 15 생각할	閭 15 이문
黎 15 동틀	勵 17 권할	麗 19 고울	廬 19 오두막집	櫚 19 종려나무	濾 19 맑게할	礪 20 거친숫돌
藜 21 나라이름	蠣 21 굴조개	儷 21 짝	驢 26 나귀	驪 29 검은말		
력	力 2 힘	歷 16 지날	曆 16 책력	瀝 20 거를	礫 20 조약돌	轢 22 삐걱거릴
靂 24 벼락						
련	煉 13 쇠불릴	連 14 연할	練 15 익힐	漣 15 잔물결	輦 15 당길	憐 16 사랑할
璉 16 호련	鍊 17 단련할	蓮 17 연꽃	聯 17 이을	變 22 아름다울	戀 23 사모할	攣 23 걸릴
렬	列 6 벌일	劣 6 용렬할	冽 8 찰	洌 10 맑을	烈 10 매울	裂 12 찢을

203

렴	廉 13 청렴할	濂 17 물	斂 17 거둘	殮 17 염할	簾 19 발	
렵	獵 19 사냥할					
령	令 5 하여금	伶 7 영리할	姈 8 슬기로울	囹 8 옥(감옥)	岺 8 산이름	岺 8 깊을
	怜 9 영리할	泠 9 깨우칠	聆 9 영롱할	玲 10 옥소리	笭 11 도꼬리	羚 11 영양	翎 11 날개
	聆 11 깨달을	零 13 비떨어질	鈴 13 방울	領 14 거느릴	嶺 17 고개	澪 17 강이름	齡 20 나이
	靈 24 신령					
례	礼 6 예도	例 8 견줄	隷 16 붙을	澧 17 물이름	禮 18 예도	醴 20 단술
로	老 6 늙을	鹵 11 소금	勞 12 수고로울	虜 12 사로잡을	路 13 길	輅 13 수레
	魯 15 나라	盧 16 성씨	撈 16 잡을	擄 16 사로잡을	潞 17 강이름	櫓 19 방패	嚧 19 웃을

瀘 20 물이름	爐 20 화로	露 20 이슬	蘆 22 갈대	鷺 23 백로	
록	彔 8 나무깎을	鹿 11 사슴	祿 13 녹	碌 13 푸른돌	綠 14 초록빛	菉 14 조개풀
錄 16 기록할	麓 19 산기슭				
론	論 15 의논할				
롱	弄 7 희롱할	壟 19 밭두렁	瀧 20 젖을	瓏 21 옥소리	籠 22 채롱	聾 22 귀머거리
朧 22 흐릿할					
뢰	雷 13 우레	賂 13 뇌물줄	磊 15 돌무더기	賚 15 줄	賴 16 의뢰할	賴 16 힘입을
儡 17 꼭두각시	瀨 20 여울				
료	了 2 마칠	料 10 헤아릴	聊 11 애오라지	僚 14 동관	廖 14 공허할	寮 15 동관

燎 16 횃불	療 17 병고칠	蓼 17 여뀌	瞭 17 밝을	遼 19 멀	
룡	竜 10 용	龍 16 용			
루	累 11 얽힐	淚 11 눈물	婁 11 별이름	屢 14 여러	慺 14 정성스러울	陋 14 더러울
嶁 14 산봉우리	漏 15 샐	樓 15 다락	瘻 16 부스럼	縷 17 실	蔞 17 쑥	褸 17 헌누더기
壘 18 진지	鏤 19 새길				
류	柳 9 버들	留 10 머무를	流 11 흐를	琉 12 유리	硫 12 유황	旒 13 깃발
榴 14 석류나무	溜 14 처마물	瑠 15 유리	瘤 15 혹	劉 15 묘금도	謬 18 그릇될	瀏 19 맑을
類 19 같을					
륙	六 6 여섯	戮 15 죽일	陸 16 육지		

206

륜	侖 8 둥글	倫 10 인륜	崘 11 산이름	崙 11 산이름	淪 12 작은물결	綸 14 실끈
	輪 15 바퀴	錀 16 금				
률	律 9 법	栗 10 밤	率 11 헤아릴	嵂 12 가파를	慄 14 두려울	
륭	隆 17 성할					
륵	肋 8 갈비	勒 11 굴레				
름	凜 15 찰	凛 15 차거울	廩 16 곳집			
릉	凌 10 얼음	楞 13 네모질	稜 13 밭두둑	綾 14 비단	菱 14 마름	陵 16 언덕
리	吏 6 아전	李 7 오얏	里 7 마을	利 7 이로울	俚 9 힘입을	俐 9 똑똑할
	唎 10 가는소리	梨 11 배	离 11 밝을	浬 11 물길이	涖 11 다다를	悧 11 영리할	狸 11 살쾡이

犁 11	痢 12	犂 12	理 12	莉 13	裏 13	裡 13
밭갈	곱똥	밭갈	다스릴	말리꽃	속	옷안
摛 14	履 15	璃 16	罹 17	釐 18	鯉 18	贏 19
펼	신	유리	걸릴	다스릴	잉어	여월
離 19	籬 25					
떠날	울타리					
린	吝 7	獜 15	潾 16	燐 16	撛 16	璘 17
	아낄	튼튼할	맑을	불일어날	구원할	옥빛
隣 20	鄰 20	鱗 20	藺 22	鱗 23	麟 23	躪 27
이웃	이웃	굳셀	성	비늘	기린	짓밟을
림	林 8	淋 12	棽 12	琳 12	碄 13	琳 13
	수풀	물댈	무성할	알고자할	깊을	아름다운옥
霖 16	臨 17					
장마	임할					
립	立 5	砬 10	笠 11	粒 11		
	설	약돌	삿갓	쌀알		
타	他 5	打 6	朶 6	妥 7	拖 9	咤 9
	다를	칠	꽃송이	편안할	이끌	꾸짖을

唾 11 침	舵 11 키	惰 13 게으를	楕 13 길쭉할	陀 13 비탈	馱 13 짐실을	墮 15 떨어질
駝 15 낙타	橢 16 길쭉할					
탁	托 7 밀	卓 8 높을	坼 8 터질	度 9 헤아릴	拓 9 밀칠	柝 9 목탁
倬 10 클	託 10 부탁할	啄 11 쪼을	晫 12 밝을	琢 13 옥다듬을	琸 13 사람이름	橐 14 자루
踔 15 뛰어날	橐 16 전대	擢 18 뺄	濯 18 씻을	鐸 21 큰방울		
탄	呑 7 삼킬	坦 8 너그러울	炭 9 숯	誕 14 날	嘆 14 탄식할	綻 14 옷터질
彈 15 탄환	歎 15 탄식할	憚 16 꺼릴	灘 23 여울			
탈	脫 13 벗을	奪 14 빼앗을					
탐	眈 9 노려볼	耽 10 즐길	貪 11 탐낼	探 12 찾을			

탑	塔 13 탑	榻 14 자리			
탕	宕 8 방탕할	帑 8 금고	湯 13 물끓일	糖 16 사탕탕	蕩 19 소탕할
태	太 4 클	台 5 별	兌 7 지름길	汰 8 씻을	泰 9 클	殆 9 위태할
	怠 9 게으를	珆 9 옥무늬	胎 11 아이밸	笞 11 볼기칠	苔 11 이끼	邰 12 나라이름	跆 12 뛸
	態 14 태도	颱 14 태풍	鮐 16 복			
택	宅 6 집	澤 17 못	擇 17 가릴			
탱	撐 16 버틸					
터	攄 19 펼					
토	土 3 흙	吐 6 토할	兔 8 토끼	討 10 찾을		

통	桶 11 엿되들이	筒 12 대통	統 12 거느릴	痛 12 아플	通 14 통할	慟 15 서럽게울
투	投 8 던질	妬 8 투기할	偸 11 훔칠	透 14 통할	鬪 20 싸움	
특	特 10 특별할	慝 15 간사할				
퇴	堆 11 언덕	退 13 물러갈	槌 14 방망이	腿 16 넓적다리	褪 16 옷벗을	頹 16 기울어질

土(ㅇ·ㅎ)의 글자

※ 숫자는 한자의 획수를 나타냄

아	牙 4	我 7	亜 7	児 7	亞 8	兒 8
	어금니	나	버금	아이	버금	아이
妸 8	俄 9	砑 9	峨 10	哦 10	芽 10	娥 10
고울	아까	맷돌	산높을	읊조릴	싹	예쁠
峨 10	啞 11	婗 11	婀 11	訝 11	婭 11	硪 12
산높을	까마귀소리	아름다울	아름다울	의심할	동서	바위
皒 12	雅 12	阿 13	衙 13	莪 13	蛾 13	鴉 15
흰빛	맑을	언덕	마을	쑥	나방	갈까마귀
餓 16	鵝 18					
주릴	거위					
악	岳 8	堊 11	惡 12	幄 12	愕 13	握 13
	큰산	흰흙	악할	휘장	놀랄	쥘
渥 13	樂 15	鄂 16	嶽 17	鍔 17	顎 18	鰐 20
젖을	풍류	땅이름	큰산	칼날	턱	악어
齷 24						
속좁을						

안	安 6 편안할	岸 8 언덕	姶 9 종용할	晏 10 늦을	按 10 누를	案 10 책상
	桉 10 중발	婩 11 고울	眼 11 눈	雁 12 기러기	鴈 15 기러기	鞍 15 안장	餍 16 불빛
	鮟 17 천징어	顔 18 얼굴				
알	軋 8 삐걱거릴	斡 14 돌이킬	謁 16 뵈올	閼 16 막을		
암	岩 8 바위	庵 11 암자	唵 11 움켜먹을	暗 13 어두울	菴 14 암자	癌 17 암
	闇 17 숨을	巖 23 바위				
압	押 9 살필	狎 9 익숙할	鴨 16 집오리	壓 17 누를		
앙	央 5 가운데	仰 6 우러러볼	昂 8 밝을	昻 8 처다볼	怏 9 원망할	殃 9 재앙
	秧 10 모	鴦 16 원앙새				

213

애	艾 6 쑥	厓 8 언덕	哀 9 슬플	埃 10 티끌	唉 10 탄식할	崖 11 언덕
	焀 11 빛날	涯 12 물가	愛 13 사랑	碍 13 막힐	賹 15 넉넉할	曖 17 날흐릴	隘 18 좁을
	礙 19 거리낄	靄 24 아지랑이				
액	厄 4 재앙	扼 8 잡을	掖 11 곁들	腋 12 겨드랑이	液 12 진액	縊 16 목맬
	額 18 이마					
앵	櫻 21 앵두나무	鶯 21 꾀꼬리	鸚 28 앵무새			
야	也 3 이끼	冶 7 쇠불릴	夜 8 밤	耶 9 어조사	揶 11 희롱할	野 11 들
	若 11 같을약	埜 11 들	惹 13 이끌	椰 13 야자나무	爺 13 아비	揶 13 희롱할
약	約 9 맺을	弱 10 약할	若 11 같을	蒻 15 구리때잎	蒻 16 구약풀	躍 21 뛸

214

藥 21 약					
양	羊 6 양	佯 8 거짓	昜 9 빛날	洋 10 바다	恙 10 근심	痒 11 옴
	椋 12 박달나무	暘 13 밝을	楊 13 버들	煬 13 화할	揚 13 드날릴	瘍 14 종기	漾 15 물결일
	養 15 기를	樣 15 모양	陽 17 볕	襄 17 도울	瀁 19 물모양	孃 20 아가씨	壤 20 곱다란흙
	攘 21 빼앗을	禳 22 빌	穰 22 볏짚	讓 24 사양	釀 24 술빚을		
어	於 8 어조사	圄 10 옥(감옥)	御 11 모실	唹 11 고요히웃을	馭 12 말부릴	瘀 13 병
	語 14 말씀	漁 15 고기잡을	禦 16 막을	齬 22 이어긋날		
억	抑 8 누를	億 15 억	憶 17 생각할	檍 17 참나무	臆 19 가슴	
언	言 7 말씀	彦 9 선비	焉 11 어찌	偃 11 쓰러질	堰 12 둑	嫣 14 웃을

215

諺 16 상말						
얼	孼 19 서자	糱 22 누룩	蘖 23 싹			
엄	奄 8 문득	俺 10 클	掩 12 가릴	淹 12 담글	嚴 17 엄할	曮 20 높고밝을
儼 20 엄할	儼 22 공경할					
업	業 13 업	嶪 16 높고험할				
여	予 4 줄(나여)	如 6 같을	汝 7 너	余 7 나	好 7 아름다울	茹 12 받을
艅 13 배이름	與 14 더불어	餘 16 남을	歟 18 어조사	璵 19 옥	礖 19 돌이름	轝 21 수레
역	亦 6 또	役 7 부릴	易 8 바꿀(쉬울이)	疫 9 염병	域 11 지경	晹 12 해반짝날
逆 13 거스릴	繹 19 풀어낼	譯 20 통변할	驛 23 정거장			

연	延 7 맞을	沇 8 물흐를	兗 8 믿을	姸 9 고울	沿 9 물따라내려갈	兗 9 믿을
	衍 9 넓을	娫 10 빛날	宴 10 잔치	娟 10 예쁠	烟 10 연기	涓 11 물방울	捐 11 버릴
	硏 11 연마할	挻 11 이끌	涎 11 흐를	硯 11 벼루	軟 11 부드러울	淵 12 못	硯 12 벼루
	然 12 그럴	堧 12 빈터	莚 13 풀이름	椽 13 서까래	鉛 13 납	煙 13 연기	筵 13 대자리
	瑌 14 옥돌	鳶 14 솔개	演 15 넓힐	緣 15 인연	嬿 15 아리잠직할	燃 16 불탈	燕 16 제비
	輭 16 연할	縯 17 당길인	嚥 19 삼킬	嬿 19 아름다울	瓀 19 옥돌	矏 20 청명할	醼 23 잔치
열	咽 9 목멜(목구멍인)	悅 11 즐거울	說 14 기꺼울	熱 15 더울	閱 15 점호할	澟 16 물흐를
염	炎 8 불꽃	染 9 물들일	苒 11 풀우거질	焰 12 불빛	琰 13 옥	厭 14 미워할
	髥 14 구레나룻수염	閻 16 여염	艶 19 고울	鹽 24 소금	艷 24 고울		

엽	熀 14 불빛이글거릴	葉 15 잎	燁 16 빛날	曄 16 빛날		
영	永 5 길	咏 8 읊을	泳 9 헤엄칠	映 9 비칠	盈 9 찰	英 11 꽃뿌리
	迎 11 맞을	詠 12 읊을	楹 13 기둥	煐 13 빛날	渶 13 물맑을	暎 13 비칠	榮 14 영화
	瑛 14 옥광채	影 15 그림자	瑩 15 옥	穎 15 강이름	嬴 16 성	穎 16 이삭	鍈 17 방울소리
	嬰 17 어릴	營 17 경영할	嶸 17 산높을	霙 17 진눈깨비	濚 18 물돌아나갈	瀛 20 바다	蠑 20 도마뱀
	瀯 21 물소리	瓔 22 구슬목걸이	纓 23 갓끈			
예	乂 2 풀벨	刈 4 벨	曳 6 끌	艾 8 다스릴	汭 8 물굽이	芸 10 재주
	羿 9 사람이름	芮 10 풀뾰족할	倪 10 끝	玴 10 옥돌	堄 11 성각휘	埶 11 심을	猊 12 사자
	預 13 미리	裔 13 후손	詣 13 이를	睿 14 슬기로울	嫕 14 유순할	銳 15 날카로울	藝 15 재주

218

叡 16 밝을	豫 16 미리	癒 16 고요할	棨 16 꽃술방울	霓 16 무지개	瀪 17 흐를	藝 17 심을
穢 18 더러울	叡 19 밝을	藝 21 재주	譽 21 기릴	蘂 22 꽃술		
오	午 4 낮	五 5 다섯	伍 6 다섯사람	吾 7 나	吳 7 나라	污 7 웅덩이
旿 8 밝을	俉 9 맞이할	娛 10 즐거울	烏 10 까마귀	浯 11 물이름	梧 11 오동나무	敖 11 거만할
珸 12 옥돌	奧 13 깊을	傲 13 거만할	嗚 13 탄식할	塢 13 산언덕	篊 13 버들고리	蜈 13 지네
誤 14 그르칠	寤 14 잠깰	熬 15 볶을	獒 15 큰개	墺 16 물가	懊 17 한할	澳 17 깊을
燠 17 속답답할	鰲 22 자라	鼇 24 큰자라				
옥	玉 5 구슬	沃 8 기름질	屋 9 집	鈺 13 보배	獄 14 옥(감옥)	
온	昷 9 어질	溫 14 따뜻할	瑥 15 이름	瘟 15 염병	縕 16 묶은솜	穩 19 편안할

219

蘊 22 쌓을						
올	兀 3 우뚝할					
옹	瓮 9 독(항아리)	翁 10 늙은이	邕 10 막힐	雍 13 화할	壅 16 막을	擁 17 안을
	甕 18 독(항아리)	饔 22 아침밥	癰 23 악창			
와	瓦 5 기와	臥 8 엎드릴	訛 11 그릇될	蛙 12 개구리	渦 13 소용돌이	窩 13 움집
	窪 14 웅덩이	蝸 15 달팽이				
완	完 7 완전할	妧 7 좋은모양	岏 7 산뾰족할	宛 8 언덕	玩 9 보배	垸 10 회섞어바를
浣 11 씻을	婠 11 몸예쁠	婉 11 아름다울	椀 12 주발	阮 12 성씨	琬 13 아름다운옥	碗 13 그릇
脘 13 중완	莞 13 웃을	頑 13 완고할	莞 13 왕골	腕 14 팔(팔뚝)	緩 15 더딜	豌 15 완두콩

220

龥 15 아낄					
왈	曰 4 가로				
왕	王 4 임금	旺 8 왕성할	往 8 갈	汪 8 넓을	枉 8 굽을
왜	娃 9 예쁠	歪 9 비뚤	倭 10 왜국	矮 13 키작을	
외	外 5 바깥	畏 9 두려워할	嵬 13 높을	猥 13 외람할	巍 21 높을
요	夭 4 죽을	凹 5 오목할	妖 7 요사할	要 9 구할	姚 9 예쁠	拗 9 비꼬일
窈 10 그윽할	堯 12 임금	搖 14 흔들	僥 14 바랄	腰 15 허리	瑤 15 아름다운옥	樂 15 좋아할
嶢 15 높을	暚 15 햇볕	窯 15 기와굽는가마	橈 16 꺾일	謠 17 노래	遙 17 멀	繇 17 역사
曜 18 해비칠	燿 18 빛날	繞 18 둘릴	蟯 18 기생충	擾 19 어지러울	耀 20 빛날	邀 20 맞을

221

饒 21 넉넉할					
욕	辱 10 욕될	浴 11 목욕할	欲 11 하고자	慾 15 욕심낼	褥 16 요(까는침구)	縟 16 꾸밀
용	用 5 쓸	冗 5 쓸데없을	甬 7 물솟을	勇 9 날랠	俑 9 허수아비	容 10 얼굴
埇 10 길돋을	庸 11 떳떳할	涌 11 물솟을	茸 12 녹용	傛 12 혁혁할	傭 13 품팔이꾼	湧 13 샘솟을
溶 14 녹을	踊 14 뛸	墉 14 담	憑 14 권할	熔 14 녹일	榕 14 용나무	瑢 15 옥소리
槦 15 살대나무	蓉 16 연꽃	聳 17 솟을	鎔 18 쇠녹일	鏞 19 쇠북		
우	又 2 또	于 3 어조사	友 4 벗	尤 4 더욱	牛 4 소	右 5 오른쪽
羽 6 깃	宇 6 집	邘 6 우나라	扜 7 지휘할	宋 7 비	佑 7 도울	旴 7 해돋을
雨 8 비	玗 8 옥돌	盂 8 사발	禹 9 임금	俁 9 얼굴클	芋 9 토란	祐 10 도울

迂 10 멀	偶 11 짝	釪 11 풍류그릇	雩 11 기우제	愚 13 어리석을	虞 13 염려할	惆 13 기쁠
禑 14 복	瑀 14 옥돌	霋 14 물소리	慪 14 공경할	郵 15 우편	憂 15 근심	遇 16 만날
優 17 넉넉할	隅 17 모퉁이	藕 21 연뿌리				

욱	旭 6 빛날	昱 9 밝을	彧 10 무성할	栯 10 산앵두	勖 11 힘쓸	煜 13 빛날
郁 13 성할	項 14 삼갈	稶 15 서속우거질	燠 17 더울			

운	云 4 이를	夽 7 높을	沄 8 물흐를	芸 10 향풀	耘 10 김맬	雲 12 구름
暈 13 해달무리	殞 14 죽을	熉 14 누런빛	賱 15 구름이일	運 16 돌	賱 16 넉넉할	橒 16 나무무늬
篔 16 왕대	澐 16 큰물결	篔 18 왕대	蕓 18 평지	隕 18 떨어질	韻 19 울림	

울	菀 12 무성할	蔚 17 고을이름	鬱 29 답답할(울창할)				

223

웅	雄 12 숫컷	熊 14 곰				
원	元 4 으뜸	沅 8 물이름	朊 8 달빛	杬 8 나무이름	垣 9 담	貟 9 관원
	怨 9 원망할	爰 9 이에	洹 10 물이름	員 10 인원	袁 10 성	原 10 근원	笎 10 대무늬
	洹 10 물흐를	寃 11 원통할	苑 11 동산	媛 12 예쁠	阮 12 나라이름	嫄 13 어머니	園 13 동산
	圓 13 둥글	援 13 도울	湲 13 물흐를	猿 14 원숭이	瑗 14 옥	源 14 근원	愿 14 정성
	院 15 집(담)	鴛 16 원앙	鋺 16 저울바탕	遠 17 멀	轅 17 멍에채	願 19 원할	
월	月 4 달	越 12 넘을				
위	危 6 위태할	位 7 자리	委 8 맡길	威 9 위엄	韋 9 가죽	偉 11 클
	胃 11 밥통	尉 11 벼슬이름	爲 12 위할	圍 12 둘레	暐 13 빛날	渭 13 물이름	瑋 14 옥이름

僞 14 거짓	萎 14 마를	緯 15 씨	慰 15 위로할	葦 15 갈대	蝟 15 고슴도치	褘 15 아름다울
衞 16 지킬	謂 16 이를	違 16 어길	魏 18 위나라	蔿 18 풀		
유	幼 5 어릴	由 5 말미암을	有 6 있을	酉 7 닭	攸 7 자득할	乳 8 젖
侑 8 도울	俞 9 공손할	油 9 기름	幽 9 깊을	柔 9 부드러울	兪 9 성	宥 9 용서할
柚 9 유자	臾 9 잠깐	囿 9 동산	姷 9 짝	柚 10 무성할	洧 10 물이름	唯 11 오직
悠 11 멀	婑 11 아리따울	呦 11 고요할	惟 12 생각할	庾 12 창고	喩 12 깨우칠	釉 12 윤(광택)
猶 12 오히려	裕 13 넉넉할	榆 13 느릅나무	愈 13 나을	猷 13 꾀	渘 13 깊을	瑈 13 옥돌
愉 13 즐거울	揄 13 끌	楢 13 졸참나무	游 13 헤엄칠	逌 14 빙그레할	維 14 맬	誘 14 꾀일
瑜 14 아름다운옥	薁 15 수유나무	牖 15 들창	儒 16 선비	逾 16 넘을	諛 16 아첨할	諭 16 깨우칠

蹂 16 밟을	鍮 17 놋쇠	孺 17 젖먹이	濡 18 젖을	癒 18 병나을	曘 18 햇빛	遺 19 남을
육	肉 6 고기	育 10 기를	堉 11 기름진땅	毓 14 기를		
윤	允 4 진실로	尹 4 믿을	昀 8 햇빛	玧 9 옥빛	胤 11 씨	鈗 12 병기
阭 12 높을	閏 12 윤달	鈗 12 창	閠 13 윤(윤달)	荺 13 연뿌리	奫 15 물깊고넓을	閏 15 윤달
潤 16 윤택할						
융	戎 6 병장기	絨 12 융단	融 16 화할	瀜 20 물깊고넓은모양		
은	听 7 웃을	圻 7 지경	垠 9 언덕	泿 10 물가	恩 10 은혜	殷 10 성할
訢 11 공손할	珢 11 옥돌	銀 14 은	溵 14 물소리	慇 14 괴로워할	蒽 14 풀이름	蒑 14 풀빛푸른
誾 15 화평	㒚 16 기댈	憖 16 억지로	檃 17 도지개	濦 18 강이름	檼 18 마룻대	隱 22 숨을

蔭 23 은총					
을	乙 1 새	圪 6 흙더미우뚝할			
음	吟 7 읊을	音 9 소리	淫 12 음란할	飮 13 마실	陰 16 그늘	蔭 17 그늘
罄 20 소화할					
읍	邑 7 고을	泣 9 울	揖 13 읍할		
응	凝 16 엉길	應 17 응할	膺 19 가슴	鷹 24 매		
의	衣 6 옷	矣 7 어조사	依 8 의지할	宜 8 마땅할	倚 10 의지할	椅 12 의자
意 13 뜻	義 13 옳을	疑 14 의심할	儀 15 거동	誼 15 옳을	毅 15 굳셀	醫 18 의원
擬 18 추측할	議 20 의논	懿 22 아름다울			

이	二 2	已 3	以 5	耳 6	弛 6	伊 6
	둘	이미	써	귀	늦출	저
	而 6	夷 6	杝 7	易 8	怡 9	姨 9	姐 9
	말이을	오랑캐	피나무	쉬울	기쁠	이모	여자이름
	珆 10	珥 11	移 11	異 11	痍 11	苡 11	貳 12
	옥돌	귀고리	옮길	다를	상처	질경이	두
	羡 12	貽 12	肄 13	爾 14	飴 14	頤 15	彛 16
	벨	끼칠	익힐	너	엿	턱	떳떳할
	鳾 17	彝 18	邇 21				
	제비	떳떳할	가까울				
익		益 10	翊 11	翌 11	熤 15	謚 17	翼 17
		더할	도울	다음날	사람이름	빙그레	날개
	瀷 21						
	스며흐를						
인		人 2	儿 2	刃 3	仁 4	引 4	因 6
		사람	사람	칼날	어질	이끌	인할
	忎 6	印 6	忍 7	沏 7	忎 7	牣 7	姻 9
	친자할	도장	참을	젖을	어질	찰	혼인할

咽 9 목구멍	蚓 10 지렁이	芒 10 씨	寅 11 범	絪 12 수삼	茵 12 자리	靭 12 질길
靳 13 가슴걸이	湮 13 잠길	認 14 인정할	鞇 14 작은북	璌 16 사람이름	諲 16 공경할	
일	一 1 한	日 4 날	佚 7 편안할	佾 8 춤	壹 12 한	溢 14 넘칠
馹 14 역마	逸 15 달아날	鎰 18 중량				
임	壬 4 북방	任 6 맡길	妊 7 아이밸	林 8 수풀	姙 9 아이밸	恁 10 믿을
誀 11 생각할	荏 12 들깨	稔 13 풍년들	賃 13 품팔이	臨 17 임할		
입	入 2 들	卄 3 스물	廿 3 스물이십			
잉	仍 4 인할	孕 5 아이밸	芿 10 새풀싹	剩 12 남을		
하	下 3 아래	何 7 어찌	呀 7 입벌릴	河 9 물	是 9 여름	夏 10 여름

229

賀 12 하례할	廈 12 집	荷 13 멜하	廈 13 큰집	問 13 크게열릴	瑕 14 티	碬 14 숫돌
蝦 15 두꺼비	遐 16 멀	緞 16 붉을	嚇 17 웃음소리	霞 17 노을	鰕 20 새우	
학	学 8 배울	虐 9 사나울	嗃 13 엄할	學 16 배울	謔 16 희롱거릴	壑 17 골
鶴 21 학						
한	汗 7 땀	旱 7 가물	罕 7 그물	恨 10 한할	悍 11 사나울	閒 12 틈
限 14 한정	僩 14 굳셀	漢 15 한나라	嫻 15 우아할	翰 16 날개	瀚 16 넓을	嫻 16 익힐
韓 17 나라	澣 17 빨래할	瀚 20 넓고큰모양				
할	割 12 벨	轄 17 다스릴				
함	含 7 머금을	函 8 함	咸 9 다	喊 12 소리	涵 12 젖을	菡 12 연꽃

230

銜 14 머금을	緘 15 봉할	陷 16 빠질	檻 18 우리	艦 20 싸움배	鹹 20 짤(소금)	
합	合 6 합할	哈 9 한모금	盒 11 합	蛤 12 조개	閤 14 쪽문	陜 15 땅이름
闔 18 문짝						
항	亢 4 목	伉 6 짝	沆 8 넓을	抗 8 항거할	杭 8 건널	巷 9 거리
姮 9 항아	恆 9 항상	缸 9 항아리	肛 9 항문	恒 10 항상	項 12 항목	港 13 항구
降 14 항복할						
해	亥 6 돼지	咍 8 비웃을	咳 9 방글방글할	垓 9 계단	孩 9 웃을	害 10 해칠
奚 10 어찌	偕 11 함께할	海 11 바다	該 13 갖출	解 13 풀	楷 13 본보기	瑎 13 검은옥돌
諧 16 화할	駭 16 놀랄	骸 16 뼈	懈 17 게으를	蟹 19 게	邂 20 만날	瀣 20 이슬기운

231

핵	核 10 씨					
행	行 6 갈	杏 7 살구	幸 8 다행	倖 10 요행	荇 12 노랑어리연꽃	涬 12 기운
향	向 6 향할	享 8 누릴	香 9 향기	晑 10 밝을	珦 11 옥구슬	餉 16 보낼
鄕 17 시골	嚮 19 향할	麝 20 사향사슴	響 22 소리울림	饗 22 잔치할		
허	許 11 허락할	虛 12 빌	噓 14 뿜을	墟 15 큰언덕		
헌	軒 10 추녀	憲 16 법	獻 20 드릴			
헐	歇 13 쉴(휴식)					
험	險 21 험할	驗 23 증험할				
혁	侐 8 고요할	革 9 가죽	奕 9 클	焃 11 빛날	焱 12 불꽃	赫 14 붉을

爀 18 빛날						
현	玄 5 검을	呟 8 소리	弦 8 활시위	炫 9 밝을	泫 9 물깊을	眩 9 햇빛
	俔 9 정탐할	玹 10 옥돌	峴 10 고개	眩 10 아득할	絃 11 악기줄	舷 11 뱃전	弸 11 활
	衒 11 자랑할	晛 11 볕기운	現 12 나타날	絢 12 무늬	睍 12 고울	琄 12 옥늘어질	鉉 13 솥귀
	賢 15 어질	儇 15 영리할	鋗 15 노구솥	縣 16 고을	顕 18 나타날	懸 20 매달릴	譞 20 영리할
	顯 23 나타날						
혈	孑 3 외로울	穴 5 구멍	血 6 피	頁 9 머리			
혐	嫌 13 싫어할						
협	夾 7 낄	協 8 화할	洽 8 젖을	俠 9 의기로울	峽 10 골짜기	挾 11 도울

浹 11 두루미칠	狹 11 좁을	脅 12 옆구리	脇 12 옆구리	莢 13 꼬투리	鋏 15 집게	頰 16 뺨(얼굴)
형	兄 5 맏	形 7 형상	刑 6 형벌	亨 7 형통할	型 9 모형	泂 9 멀
炯 9 빛날	珩 11 노리개	荊 11 가시나무	邢 11 나라이름	逈 13 멀	熒 14 등불	滎 14 실개천
瑩 15 밝을	螢 16 개똥벌레	衡 16 저울대	鎣 18 줄	瀅 19 맑을	馨 20 향기로울	瀅 22 물이름
혜	兮 4 어조사	恵 10 은혜	彗 11 비(빗자루)	惠 12 은혜	慧 15 슬기	暳 15 별반짝일
鞋 15 신(짚신)	憲 15 밝힐	憓 16 사랑할	蹊 17 지름길	蕙 18 난초	醯 19 초(식초)	譓 19 슬기로울
鏸 20 날카로울	譿 22 슬기로울					
호	戶 4 집	互 4 서로	乎 5 어조사	号 5 부를	好 6 좋을	芐 7 지황(약초)
虎 8 범	呼 8 부를	昊 8 하늘	峼 8 산	弧 8 활	狐 9 여우	祜 10 복

芦 10 지황	浩 11 넓을	胡 11 어찌	毫 11 터럭	晧 11 해돋을	扈 11 따를	瓠 11 박(표주박)
媩 11 영리할	壺 12 병	淏 12 맑을	皓 12 흴	湖 13 호수	琥 13 서옥	琥 13 호박
號 13 이름	瑚 14 산호	豪 14 호걸	犒 14 호궤할	糊 15 풀	葫 15 마늘	蝴 15 나비
滸 15 물가	皞 15 밝을	澔 16 빛날	蒿 16 쑥	縞 16 흰비단	壕 17 해자	濠 18 물이름
鎬 18 호경	濩 18 퍼질	護 21 호위	顥 21 클	頀 23 풍류	灝 25 넓을	
혹	或 8 혹	惑 12 미혹할	酷 14 심할			
혼	昏 8 어두울	婚 11 혼인할	混 12 섞일	渾 13 흐릴	魂 14 넋	琿 14 아름다운옥
홀	忽 8 문득	笏 10 홀	惚 12 황홀할			
홍	弘 5 클	汞 7 수은	虹 9 무지개	泓 9 물깊을	紅 9 붉을	哄 9 지꺼릴

235

洪 10 넓을	烘 10 횃불	訌 10 모함할	鍙 14 쇠뇌고동	鴻 17 기러기		
화	化 4 될	火 4 불	禾 5 벼	和 8 화할	花 10 꽃	貨 11 재물
畫 12 그림	話 13 말씀	畵 13 채색	靴 13 신(가죽신)	禍 14 재화	華 14 빛날	嬅 15 고울
澕 15 물깊을	樺 16 자작나무	譁 19 시끄러울				
확	碻 15 확실할	確 15 확실할	穫 19 곡식거둘	擴 19 넓힐	攫 24 움킬	
환	丸 3 둥글	幻 4 변할	奐 9 클	宦 9 벼슬	紈 9 흰비단	桓 10 굳셀
患 11 근심	晥 11 깨끗할	喚 12 부를	煥 13 빛날	換 13 바꿀	渙 13 흩어질	圜 16 둥글
環 18 옥고리	還 20 돌아올	鰥 21 홀아비	鐶 21 고리	驩 28 기뻐할		
활	活 10 살	滑 14 미끄러울	猾 14 교활	豁 17 내뚫린골	闊 17 넓을	澗 18 간단할

황	皇 9 임금	況 9 하물며	晃 10 밝을	晄 10 빛날	恍 10 황홀할	凰 11 봉황새
	黃 12 누를	荒 12 거칠	堭 12 벽없는방	媓 12 여자이름	徨 12 방황할	煌 13 빛날	幌 13 휘장
	惶 13 두려울	湟 13 물이름	楻 13 깃대	滉 14 물깊을	恍 14 밝을	慌 14 어렴풋할	榥 14 책상
	篁 15 대숲	蝗 15 메뚜기	遑 16 허둥거릴	潢 16 웅덩이	璜 17 동근패옥	隍 17 아래못	簧 18 공교로히하는말
회	回 6 돌아올	灰 6 재	会 6 모을	徊 9 배회할	烌 10 클	晦 11 그믐
	悔 11 뉘우칠	茴 12 회향풀	蛔 12 회충	淮 12 회수	絵 12 그림	會 13 모일	賄 13 재물
	匯 13 물돌아나갈	誨 14 가르칠	檜 17 전나무	澮 17 물흐를	獪 17 교활할	繪 19 그림	膾 19 회
	懷 20 생각할						
획	劃 14 그을	獲 17 얻을					

횡	宖 8 집울림	橫 16 비낄	鐄 20 큰쇠북종			
효	爻 4 형상	孝 7 효도	肴 8 안주	效 10 본받을	哮 10 성낼	涍 11 물가
	梟 11 올빼미	淆 12 물흐릴	寉 12 기운질	傚 12 본받을	酵 14 술괼	歊 14 기운날
	皛 15 나타날					
	曉 16 새벽	嚆 17 울릴	斅 20 가르칠	驍 22 날랠		
후	后 6 황후	朽 6 부패할	吼 7 소우는소리	侯 9 제후	後 9 뒤	厚 9 두터울
	垕 9 두터울	候 10 기후	珝 11 옥이름	喉 12 목구멍	帿 12 과녁	堠 12 흙성	逅 13 만날
	嗅 13 냄새맡을	煦 13 뜨거울				
훈	訓 10 가르칠	焄 11 향내날	勛 12 공	塤 13 질나팔	熏 14 연기오를	勳 15 공
	勲 16 공	壎 17 풍류	燻 18 불사를	薰 20 향기풀	鑂 22 금빛투색할		

238

훤	喧 12	暄 13	煊 13	萱 15		
	지꺼릴	따뜻할	따뜻할	원추리		
훼	卉 5	喙 12	毁 13			
	풀	부리	헐			
휘	煇 13	暉 13	揮 13	彙 13	輝 15	麾 15
	빛날	햇빛	휘두를	무리	빛날	대장기
諱 16	徽 17					
꺼릴	아름다울					
휴	休 6	烋 10	畦 11	携 14	虧 17	
	쉴	아름다울	밭두둑	끌	이지러질	
휼	恤 10	譎 19	鷸 23			
	불쌍할	속일	비취새			
흉	凶 4	兇 6	匈 6	洶 10	胸 12	
	흉할	악할	떠들석할	물소리	가슴	
흑	黑 12					
	검을					
흔	忻 8	欣 8	昕 8	炘 8	痕 11	
	기쁠	기쁠	해돋을	화끈거릴	흉터	

흘	屹 6 산모양	吃 6 말더듬을	紇 9 굵은실	訖 10 이를	
흠	欠 4 부족할	欽 12 공경할	歆 13 받을		
흡	吸 7 숨들이쉴	洽 10 화할	恰 10 마침	翕 12 합할	
흥	興 15 일어날				
희	希 7 바랄	姬 9 계집	俙 9 비슷할	晞 11 햇빛치밀	烯 11 불빛	喜 12 기쁠
稀 12 드물	熙 13 빛날	僖 14 기쁠	嬉 15 즐거울	熺 16 밝을	戱 16 희롱할	熹 16 밝을
憙 16 기뻐할	噫 16 탄식할	橲 16 나무이름	暿 16 몹시더울	戲 17 희롱할	羲 17 복희씨	禧 17 복
曦 20 햇빛	爔 20 불	犧 20 희생	囍 24 쌍희		
힐	詰 13 꾸짖을				

240

金(ㅅ·ㅈ·ㅊ)의 글자

사	士 3 선비	巳 3 뱀	四 4 넉	仕 5 벼슬	史 5 사기	乍 5 잠깐
	司 5 맡을	死 6 죽을	糸 6 실	寺 6 절	私 7 사사	些 7 어조사	伺 7 살필
	似 7 같을	社 8 모일	沙 8 모래	舍 8 집	事 8 일	祀 8 제사	使 8 하여금
	泗 9 물이름	思 9 생각	砂 9 모래알	俟 9 기다릴	柶 9 수저	査 9 사실할	紗 10 비단
	射 10 쏠	師 10 스승	唆 10 부추길	祠 10 사당	娑 10 춤추는모양	蛇 11 뱀	徙 11 옮길
	斜 11 비낄	邪 11 간사할	梭 11 북	赦 11 용서할	斯 12 이	詐 12 거짓	絲 12 실
	捨 12 놓을	奢 12 사치할	詞 12 말씀	嗣 13 이을	肆 13 방자할	莎 13 사초	渣 13 찌꺼기
	裟 14 가사	獅 14 사자	飼 14 먹일	賜 15 줄	寫 15 베낄	駟 15 사마	簁 15 잘게부술

241

篩 16 체	蓑 16 도롱이	謝 17 사례할	謝 17 끊을	辭 19 말씀	瀉 19 쏟을	麝 21 사향노루
삭	削 9 깍을	朔 10 초하루	爍 19 빛날	鑠 23 녹일		
산	山 3 뫼	刪 7 깍을	汕 7 물이름	疝 8 산증	珊 10 산호	産 11 낳을
傘 12 우산	散 12 흩어질	酸 14 실	算 14 셈할	蒜 16 마늘	霰 20 싸라기눈	
살	殺 11 죽일	煞 13 죽일	撒 16 뿌릴	薩 20 보살		
삼	三 3 셋	杉 7 삼나무	衫 9 적삼	芟 10 풀벨	參 11 셋	森 12 빽빽할
滲 15 샐	蔘 17 인삼					
삽	鈒 12 창	插 12 꽂을	颯 14 바람소리	澁 16 떫을		
상	上 3 윗	床 7 평상	尙 8 오히려	狀 8 형상	牀 8 평상	相 9 서로

峠 9 고개	庠 9 학교	桑 10 뽕나무	常 11 항상	祥 11 상서	商 11 장사	爽 11 시원할
廂 12 행랑	翔 12 날개	象 12 코끼리	喪 12 복입을	傷 13 상할	湘 13 물이름	詳 13 자세할
想 13 생각할	像 14 형상	裳 14 치마	嘗 14 맛볼	塽 14 높고밝은땅	箱 15 상자	賞 15 상줄
樣 15 상수리나무	瀁 16 세찰	懷 15 성품밝을	橡 15 상수리나무	償 17 갚을	霜 17 서리	觴 18 잔
孀 20 홀어미						
쌍	双 4 쌍	雙 18 쌍쌍				
새	塞 13 변방	賽 17 치성드릴	璽 19 도장			
색	色 6 빛	索 13 찾을	嗇 13 인색할	穡 18 거둘		
생	生 5 날	牲 9 희생	笙 11 생황	甥 12 생질		

243

서	西 6 서쪽	序 7 차례	抒 8 펼	敘 9 베풀	書 10 글	栖 10 쉴
	徐 10 천천히	恕 10 용서할	庶 11 뭇	敍 11 차례	胥 11 서로	偦 12 재주있을	犀 12 무소
	婿 12 사위	棲 12 쉴	舒 12 펼	捿 12 새겨들일	絮 12 솜	黍 12 기장	壻 12 사위
	湑 13 거를	惽 13 지혜	鼠 13 쥐	筮 13 점대	暑 13 더울	揟 13 고기잡을	瑞 14 상서
	墅 14 농막	逝 14 갈	誓 14 맹세할	緒 15 실마리	鋤 15 호미	諝 16 슬기	嶼 17 섬
	嶼 17 섬	曙 18 새벽	薯 20 감자	藇 20 아름다울			
석	夕 3 저녁	石 5 돌	汐 7 썰물	析 8 나눌	昔 8 옛	席 10 자리
	祏 10 섬	惜 12 아낄	淅 12 쌀일	晳 12 분석할	舄 12 신	晰 12 분석할	鉐 13 놋쇠
	碩 14 클	奭 15 클	錫 16 주석	潟 16 개펄	蓆 16 자리	鼫 18 석쥐석	釋 20 놓을

선	仙 5 신선	先 6 먼저	亘 6 베풀	宣 9 베풀	扇 10 부채	洒 10 엄숙할
	旋 11 돌이킬	珗 11 옥돌	船 11 배	善 12 착할	羨 13 부러워할	跣 13 맨발	詵 13 많을
	傮 13 춤출	愃 13 쾌할	渲 13 물적실	銑 14 무쇠	瑄 14 둥근옥	嫙 14 예쁠	煽 14 부칠
	線 15 실	墡 15 백토	嬋 15 고울	璇 16 옥이름	敾 16 기울	鮮 17 빛날	禪 17 고요할
	膳 18 반찬	繕 18 다스릴	蟬 18 매미선	選 19 가릴	璿 19 옥	鐥 20 복지	饍 21 반찬
	癬 22 옴	蘚 23 이끼					
설	舌 6 혀	泄 9 샐	契 9 사람이름	屑 10 가루	洩 10 샐	設 11 베풀
	雪 11 눈	卨 11 은나라이름	偰 11 맑을	楔 13 문설주	渫 13 샐	說 14 말씀	薛 17 향풀
	褻 17 속옷	薛 19 다복쑥	齧 21 물				

245

섬	閃 10 번쩍할	剡 10 땅이름	陝 15 고을이름	暹 19 해돋을	蟾 19 두꺼비	贍 20 넉넉할
	殲 21 다죽일	纖 23 가늘				
섭	涉 11 건널	爕 17 불꽃	欆 21 삿자리	攝 22 끌어당길		
성	成 7 이룰	姓 8 성	星 9 별	性 9 성품	省 9 살필	胜 9 날고기
	宬 10 창고	城 10 재	娍 10 아름다울	晄 11 밝을	晟 11 밝을	珹 12 옥	盛 12 성할
	貹 12 재물	珹 12 옥이름	聖 13 성인	惺 13 영리할	猩 13 성성이	筬 13 바디	誠 14 정성
	瑆 14 옥빛	腥 15 날고기	醒 16 술깰	聲 17 소리			
세	世 5 인간	洗 10 씻을	洒 10 정할	細 11 가늘	涗 11 잿물	笹 11 가는대
	稅 12 세금	貰 12 빌릴	勢 13 권세	歲 13 해	說 14 달랠		

소	小 3 작을	少 4 젊을	召 5 부를	邵 7 땅이름	劭 7 아름다울	所 8 바
昭 9 밝을	咲 9 웃을	炤 9 밝을	沼 9 늪	柖 9 나무흔들릴	素 10 흴	笑 10 웃을
玿 10 아름다운옥	宵 10 밤	梳 11 얼레빗	紹 11 이을	巢 11 새집	疏 12 소통할	消 11 사라질
訴 12 송사할	掃 12 쓸	甦 12 쉴	疎 12 성길	邵 12 땅이름	塑 13 토우	韶 14 이을
逍 14 노닐	愫 14 정성	遡 14 거슬러올라갈	搔 14 긁을	嘯 15 휘파람	瘙 15 종기	霄 15 하늘기운
銷 15 녹일	篠 16 가는대	穌 16 긁어모을	燒 16 불사를	遡 17 거스릴	蔬 17 나물	簫 18 퉁소
蕭 18 쑥	騷 20 시끄러울	蘇 22 깨어날	瀟 20 물맑을			
속	束 7 묶음	俗 9 풍속	涑 11 헹굴	粟 12 조	速 14 빠를	謖 17 일어날
屬 21 무리	續 21 이을	贖 22 속죄할				

손	孫 10 손자	巽 12 낮을	飧 12 저녁밥	湌 13 밥	損 14 덜	蓀 16 향풀
遜 17 겸손할					
솔	帥 8 거느릴	乺 9 솔	率 11 거느릴			
송	宋 7 송나라	松 8 소나무	悚 11 두려워할	訟 11 송사할	淞 12 강이름	竦 12 공경할
頌 13 칭송할	送 13 보낼	誦 14 읽을			
쇄	刷 8 쓸	殺 11 빠를	碎 13 부술	鎖 18 쇠사슬	鎖 18 자물쇠	灑 23 뿌릴
쇠	衰 10 쇠약할	釗 10 쇠				
수	手 4 손	水 4 물	囚 5 가둘	收 6 거둘	守 6 지킬	戍 6 막을
寿 7 목숨	秀 7 빼어날	岫 8 산구멍	峀 8 산구멍	受 8 받을	垂 8 드리울	首 9 머리

帥 9 장수	狩 10 사냥할	洙 10 물이름	殊 10 다를	修 10 닦을	羞 11 바칠	袖 11 소매(옷)
茱 12 수유	授 12 줄	須 12 수염	琇 12 옥돌	愁 13 근심	睡 13 졸	銖 14 저울눈
粹 14 순전할	綬 14 끈	壽 14 목숨	需 14 구할	數 15 헤아릴	誰 15 누구	漱 15 양치질할
豎 15 세울	穗 15 이삭	銹 15 녹슬	睟 15 재물	瘦 15 여월	輸 16 실을	樹 16 나무
遂 16 드디어	蓨 16 수산	蒐 16 모을	燧 17 부싯돌	濉 17 물이름	雖 17 비록	穟 17 이삭
隋 17 나라	繡 18 수놓을	璲 18 서옥	鷞 19 새매	獸 19 짐승	瓍 21 구슬	隨 21 따를
邃 21 깊을	藪 21 늪	隧 21 길	鬚 22 수염	髓 23 골수	讎 23 원수	讐 23 원수
숙	夙 6 이를	叔 8 아저씨	宿 11 잘	孰 11 누구	淑 12 맑을	琡 13 옥이름
肅 13 엄숙할	菽 14 콩	塾 14 글방	熟 15 익을	橚 16 길고곧은모양	潚 16 성	璹 19 옥그릇

순	旬 6	巡 7	盾 9	徇 9	純 10	恂 10
	열흘	순행할	방패	빠를	순전할	진실할
純 10	栒 10	殉 10	洵 10	珣 11	荀 12	筍 12
순수할	나무이름	따라죽을	믿을	옥그릇	풀이름	대
舜 12	焞 12	順 12	循 12	淳 12	脣 13	詢 13
임금	밝을	순할	돌	순박할	입술	상의할
楯 13	馴 13	醇 15	諄 15	醇 15	錞 16	橓 16
난간	길들일	진한술	지극할	순수할	사발종	무궁화나무
瞬 17	蓴 17	蕣 18				
눈깜짝할	순채	무궁화				
술	戌 6	術 11	述 12	鉥 13		
	개	재주	지을	긴바늘		
숭	崇 11	崧 11	嵩 13			
	높을	산높을	높을			
슬	瑟 14	蝨 15	膝 17	璱 18		
	큰거문고	이	무릎	푸른구슬		
습	拾 10	習 11	褶 17	濕 18	襲 22
	주울	익힐	주름	축축할	엄습할

승	升 4 되	永 5 받들	丞 6 정승	昇 8 오를	承 8 이을	乘 10 탈
勝 12 이길	阩 12 오를	塍 13 밭두둑	僧 14 중	滕 14 잉아	陞 15 오를	繩 19 줄
蠅 19 파리						
시	尸 3 주검	市 5 저자	示 5 보일	矢 5 화살	豕 7 돼지	始 8 처음
侍 8 모실	是 9 옳을	施 9 베풀	屍 9 주검	柴 9 섶	是 9 바를	屎 9 똥
柿 9 감나무	柹 9 감나무	枾 9 감나무	恃 10 의지할	翅 10 날개	豺 10 승냥이	時 10 때
匙 11 숟가락	偲 11 굳셀	視 12 본받을	媤 12 시집	偲 12 겸손할	弒 12 죽일	猜 12 샘낼
詩 13 글	試 13 시험할	翅 13 날개벌릴	禔 14 복	嘶 15 울	諟 16 살필	蒔 16 모종낼
蓍 16 빵대쑥	諡 16 시호					

씨	氏 4 성				
식	式 6 법	食 9 밥	息 10 쉴	栻 10 점판	拭 10 닦을	埴 11 진흙
	植 12 심을	寔 12 진실로	殖 12 성할	湜 13 물맑을	軾 13 수레나무	熄 14 꺼질	飾 14 꾸밀
	蝕 15 좀먹을	識 19 알				
신	申 5 납	臣 6 신하	伸 7 펼	辛 7 매울	身 7 몸	侁 8 떼지어갈
	呻 8 끙끙거릴	信 9 믿을	神 10 신령할	迅 10 빠를	訊 10 물을	娠 10 아이밸	宸 10 집
	紳 11 큰띠	晨 11 새벽	腎 12 콩팥	新 13 새	莘 13 풀	蜃 13 큰조개	愼 14 삼갈
	燼 18 불탄끝	薪 19 섶나무	璶 19 옥돌	蓋 20 조개풀		
실	失 5 잃을	実 8 열매	室 9 집	悉 11 다할	實 14 열매	

252

심	心 4 마음	沁 8 물적실	沈 8 성	甚 9 심할	芯 10 골풀	尋 12 찾을
	深 12 깊을	審 15 살필	諶 16 믿을	瀋 19 즙낼		
십	什 4 열	拾 10 열사람	十 10 열			
자	子 3 아들	仔 5 자세	自 6 스스로	字 6 글자	孜 7 부지런할	姉 8 맏누이
	刺 8 찌를	秄 8 북돋을	炙 8 구울	姊 8 손윗누이	姿 9 맵시	者 9 놈	咨 9 물을
	茲 10 이	恣 10 방자할	疵 10 흠	瓷 11 오지그릇	紫 11 붉을	茨 12 지붕일	資 13 재물
	雌 13 암컷	煮 13 삶을	滋 13 많을	慈 13 사랑할	磁 15 자석	諮 16 물을	蔗 17 사탕수수
	藉 20 깔					
작	勺 3 잔	作 7 지을	灼 7 사를	芍 9 작약	昨 9 어제	斫 9 벨

253

炸 9 불터질	酌 10 따를	雀 11 참새	舃 12 까치	綽 14 너그러울	爵 18 벼슬	鵲 19 까치
嚼 21 씹을						
잔	殘 12 남을	孱 12 잔악할	棧 12 사다리	盞 13 술잔	潺 16 물흐를	
잠	岑 7 산높을	暫 15 잠깐	箴 15 바늘	潛 16 잠길	潜 18 잠길	簪 18 비녀
蠶 24 누에						
잡	雜 18 섞일					
장	丈 3 어른	仗 5 지팡이	匠 6 장인	庄 6 전장	壯 6 장할	杖 7 지팡이
壯 7 씩씩할	長 8 긴	狀 8 형상	奬 10 클	將 10 장수	帳 11 장막	章 11 글
張 11 베풀	將 11 장수	場 12 마당	掌 12 손바닥	粧 12 단장할	裝 13 꾸밀	莊 13 씩씩할

254

獎 14 권면할	葬 15 장사지낼	漳 15 물이름	樟 15 예장나무	腸 15 창자	臧 15 착할	漿 15 미음(죽)
獐 15 노루	暲 15 밝을	璋 16 구슬	墻 16 담	蔣 17 성씨	牆 17 담	檣 17 돛대
醬 18 젓갈	障 19 막힐	薔 19 장미	藏 20 감출	贓 21 장물	欌 22 장롱	臟 24 오장
재	才 3 재주	再 6 두	在 6 있을	材 7 재목	災 7 재앙	哉 9 비로소
財 10 재물	栽 10 심을	宰 10 재상	捱 11 손바닥에 받을	裁 12 판결할	載 13 실을	渽 13 맑을
滓 14 찌꺼기	縡 16 일	賍 16 재물	齋 17 재계할	賷 21 가져올		
쟁	爭 8 다툴	箏 14 쟁	諍 15 간할	錚 16 쇳소리		
저	低 7 밑(속)	佇 7 오래설	底 8 밑	咀 8 씹을	姐 8 맏누이	杵 8 방망이
抵 9 밀칠	沮 9 막을	狙 9 원숭이	疽 10 등창	苧 11 모시	紵 11 모시	貯 12 쌓을

255

邸 12 집	睢 13 원앙새	楮 13 닥나무	渚 13 물가	猪 13 돼지	這 14 이것	葅 14 김치
著 15 지을	箸 15 젓가락	樗 15 못쓸나무	儲 18 저축할	躇 20 머뭇거릴	齟 20 어긋날	藷 22 감자
적	赤 7 붉을	的 8 적실할	狄 8 오랑캐	炙 8 구울	寂 11 고요할	笛 11 피리
迪 12 나아갈	賊 13 도둑	跡 13 발자국	勣 13 공적	荻 13 물억새	迹 13 자취	嫡 14 정실
翟 14 꿩깃	敵 15 대적할	摘 15 움직일	滴 15 물방울	積 16 쌓을	績 17 길쌈	蹟 18 사적
適 18 마침	謫 18 허물	鏑 19 화살촉	籍 20 호적			
전	田 5 밭	全 6 온전	甸 7 경기	佃 7 밭맬	典 8 법	佺 8 신선이름
前 9 앞	畑 9 화전	展 10 펼	栓 10 나무	專 11 오로지	剪 11 자를	悛 11 고칠
荃 12 향풀	奠 12 전올릴	筌 12 통발	塡 13 막을	電 13 번개	殿 13 대궐	琠 13 구슬

詮 13 갖출	傳 13 전할	瑱 13 옥이름	雋 13 새살찔	煎 13 달일	鈿 13 비녀	銓 14 저울질할
箋 14 쪽지	塼 14 벽돌	箭 15 화살	篆 15 전자	廛 15 가게	錢 16 돈	戰 16 싸움할
氈 17 모직(털)	澱 17 앙금(찌꺼기)	輾 17 돌아누울	餞 17 보낼	轉 18 구를(바퀴)	顚 19 꼭대기	纏 21 얽힐
鐫 21 새길	顫 22 떨릴	癲 24 미칠				
절	切 4 끊을	折 8 꺾을	晢 11 밝을	浙 11 물이름	絕 12 끊을	截 14 끊을
節 15 마디	癤 20 부스럼	竊 22 훔칠				
점	占 5 점칠	店 8 가게	玷 8 더러울	岾 8 고개	点 9 점	粘 11 끈끈할
漸 15 점점	霑 16 젖을	鮎 16 메기	點 17 검은			
접	接 12 대접할	蝶 15 나비	摺 15 접을			

정	丁 2	井 4	正 5	汀 6	杆 6	廷 7
	고무래	우물	바를	물가	깃대	조정
玎 7	町 7	呈 7	姃 7	佂 7	征 8	婈 8
옥소리	밭지경	보일	엄전할	두려워할	칠	단정할
定 8	政 8	柾 9	貞 9	亭 9	訂 9	穽 9
정할	정사	나무바를	곧을	정자	바로잡을	우물
酊 9	庭 10	眐 10	釘 10	停 11	挺 11	桯 11
술취한	뜰	바라볼	못	머무를	뺄	기둥
頂 11	挺 11	涏 11	旌 11	埩 11	偵 11	梃 11
이마(머리)	당길	샘물	기	밭갈	정탐할	막대기
婷 12	幀 12	晶 12	情 12	淨 12	淀 12	程 12
예쁠	그림족자	수정	뜻	맑을	얕은샘	법
珵 12	斑 12	鉦 13	靖 13	楨 13	滇 13	聑 13
옥돌	옥이름	징	편안할	쥐똥나무	물이름	해뜰
睛 13	碇 13	艇 13	淳 13	鼎 13	綎 13	鉦 13
눈동자	닻돌	나룻배	물괼	솥	인끈	징
禎 14	精 14	靘 14	鋌 15	靚 15	鋥 15	霆 15
상서	가릴	검푸를	쇳덩이	단장할	칼날세울	천둥소리

整 16 가지런할	錠 16 신선로	諪 16 고를	檉 17 능수버들	靜 16 고요	鄭 19 나라	瀞 20 맑을
제	弟 7 아우	制 8 법	帝 9 임금	第 11 차례	梯 11 사다리	悌 11 부드러울
悌 11 공경할	祭 11 제사	提 13 들	堤 12 막을	瑅 14 옥이름	啼 12 울	媞 12 편안할
濟 12 건널	製 14 지을	齊 14 가지런할	禔 14 편안할	除 15 제할	諸 16 모두	醍 16 맑은술
劑 16 벨	蹄 16 굽	儕 16 무리	濟 18 건널	題 18 제목	際 19 어울릴	臍 20 배꼽
薺 20 냉이	霽 22 갤					
조	弔 4 조상할	爪 4 손톱	早 6 새벽	兆 6 억	助 7 도울	俎 9 도마
昭 9 밝을	祚 10 복	租 10 구실	凋 10 시들	曹 10 성(姓)	晁 10 아침	祖 10 조상
蚤 10 벼룩	鳥 11 새	彫 11 새길	組 11 짤	釣 11 낚시	曹 11 무리	條 11 조목

259

窀 11 안존할	眺 11 바라볼	粗 11 간략할	詔 12 조서	朝 12 아침	措 12 둘	棗 12 대추나무
稠 13 빽빽할	照 13 비칠	阻 13 막힐	造 14 지을	肇 14 비로소	趙 14 나라	調 15 고루
嘲 15 비웃을	槽 15 말구유통	漕 15 배로실어옮길	雕 16 옥다듬을	潮 16 밀물	燥 17 마를	操 17 잡을
糟 17 지게미	遭 18 만날	璪 18 면류관드림옥	繰 19 아청통견	躁 20 성급할	藻 22 마름	
족	足 7 발	族 11 겨레	簇 17 가는대	鏃 19 화살촉		
존	存 6 있을	尊 12 높을				
졸	卒 8 군사	拙 9 옹졸할	猝 12 갑자기			
종	宗 8 마루	柊 9 방망이	倧 10 신인	終 11 마칠	從 11 쫓을	淙 12 물소리
悰 12 즐거울	椶 12 종려나무	琮 13 옥이름	椶 13 종려나무	種 14 심을	綜 14 모을	慫 15 권할

260

腫 15 부스럼	踪 15 자취	踵 16 발뒤꿈치	蹤 18 자취	瑽 16 옥소리	縱 17 세로	鍾 17 술잔
鐘 20 쇠북						
좌	左 5 왼쪽	佐 7 도울	坐 7 앉을	座 10 자리	挫 11 꺾을	
죄	罪 14 허물					
주	主 5 주인	舟 6 배	州 6 고을	朱 6 붉을	走 7 달릴	住 7 머무를
姓 8 사람이름	宙 8 집	周 8 두루	侏 8 난장이	呪 8 빌	柱 9 기둥	炷 9 심지
注 9 물댈	奏 9 아뢸	姝 9 예쁠	紂 9 말고삐	拄 9 버틸	洲 10 물가	株 10 뿌리
酎 10 진한술	酒 11 술	珠 11 구슬	晝 11 낮	冑 11 투구	做 11 지을	紬 11 명주
蛛 12 거미	賍 12 재물	綢 12 비단	註 12 주낼	誅 13 벨	湊 13 물모일	鉒 13 쇳돌

晭 13	嗾 14	瞇 14	綢 14	廚 15	週 15	駐 15
밝을	부추길	귀	얽을	부엌	일주	머무를
遒 16	輳 16	澍 16	燽 18	疇 19	籌 20	躊 21
굳셀	몰려들	물쏟을	밝을	밭두둑	숫가지	머뭇거릴
鑄 22						
불릴						

죽	竹 6	粥 12				
	대	죽(미음)				

준	俊 9	准 10	埈 10	峻 10	隼 10	晙 11
	준걸	평평할	높을	높을	새매	밝을
浚 11	焌 11	埻 11	竣 12	畯 12	睃 12	逡 13
깊을	불당길	과녁	마칠	농부	볼	앞설
雋 13	蠢 13	逡 14	僔 14	準 14	儁 15	蕔 15
영특할	어지러울	물러갈	모을	법	영특할	클
陖 15	寯 16	樽 16	餕 16	噂 17	駿 17	濬 18
가파를	재주	술통	대궁	기쁠	준마	깊을
遵 19	蠢 21					
좇을	벌레꿈틀거릴					

줄	茁 11 싹날풀					
중	中 4 가운데	仲 6 버금	重 9 무거울	衆 12 무리		
즉	卽 9 곧					
즐	櫛 19 빗					
즙	汁 6 진액	楫 13 돛대	葺 15 고칠			
증	症 10 병증세	烝 10 찔	拯 10 건질	曾 12 일찍	增 15 더할	憎 16 미워할
蒸 16 찔	甑 17 시루	繒 18 비단	證 19 증거	贈 19 보낼		
지	止 4 그칠	支 4 지탱할	之 4 갈	只 5 다만	至 6 이를	旨 6 뜻
地 6 땅	吱 7 가는소리	址 7 터	志 7 뜻	池 7 못	坻 7 숫돌	泜 8 가지런한모양

枝 8	知 8	沚 8	祉 9	枳 9	祗 10	芝 10
가지	알	물가	복	탱자	공경할	지초
紙 10	指 10	持 10	砥 10	芷 10	肢 10	趾 11
종이	손가락	가질	숫돌	향풀	사지(팔다리)	그칠
智 12	脂 12	誌 14	蜘 14	駤 14	摯 15	誜 15
지혜	기름	기록할	거미	굳셀	잡을	새길
漬 15	贄 18	遲 19	識 19			
담글	폐백	더딜	표할			
직	直 8	稙 13	稷 15	織 18	職 18	
	곧을	일찍심은벼	기장	짤	직분	
진	尽 6	辰 7	均 8	抮 9	殄 9	畛 9
	다할	별	바디	잡을	다할	밝을
珍 10	眞 10	津 10	秦 10	畛 10	疹 10	真 10
보배	참	나루	진나라	밭지경	홍역	참
晉 10	晋 10	秦 10	唇 10	桭 11	袗 11	振 11
나갈	나라	나라	놀랄	평고대	홑옷	떨칠
晽 11	診 12	軫 12	塡 13	嗔 13	鉁 13	塵 14
밝을	볼	수레	토성	성낼	보배	티끌

264

盡 14 다할	揗 14 꽂을	榛 14 개암나무	賑 14 넉넉할	溱 14 성할	震 15 벼락	陣 15 진칠
進 15 나아갈	瑱 15 귀고리	震 15 벼락	瞋 15 눈부릅뜰	禛 15 복받을	稹 15 빽빽할	瑨 15 옥돌
縝 16 맺을	縉 16 분홍빛	臻 16 이를	蓁 16 풀성할	陳 16 베풀	儘 16 다할	璡 17 옥돌
蔯 17 더위지기	鎭 18 진압할					
질	叱 5 꾸짖을	侄 8 어리석을	帙 8 책권 차례	姪 9 조카	秩 10 차례	疾 10 병
桎 10 차꼬	窒 11 막을	迭 12 갈마들일	蛭 12 거머리	跌 12 넘어질	嫉 13 시기할	質 15 바탕
膣 17 새살돋을	瓆 20 사람이름					
짐	朕 10 내(천자의 자칭)	斟 13 짐작할				
집	什 4 세간	執 11 잡을	集 12 모을	楫 13 돛대	緝 15 모을	潗 16 샘날

집	鍱 20 쇳조각				
징	徵 15 부를	澄 16 맑을	懲 19 징계할		
차	叉 3 손길잡을	且 5 또	此 6 이	次 6 버금	車 7 수레	侘 8 교만할
	姹 9 아름다울	差 10 어긋날	借 10 빌릴	茶 12 차(마시는)	硨 12 옥돌	嗟 13 탄식할	嵯 13 우뚝솟을
	劄 14 찌를	瑳 15 옥빛깨끗할	磋 15 갈	蹉 17 넘어질	遮 18 막을	韄 24 관대할
착	窄 10 좁을	捉 11 잡을	着 12 붙을	搾 14 짤	錯 16 섞일	齪 22 악착할
	鑿 28 뚫을					
찬	粲 13 선명할	賛 15 도울	餐 16 밥	篡 16 빼앗을	撰 16 글지을	燦 17 빛날
	澯 17 맑을	儹 17 모일	璨 18 옥광채	贊 19 도울	纂 20 모을	攢 21 모을	饌 22 반찬

266

讚 22 기릴	巑 22 산높을	攢 23 모일	欑 23 모일	瓚 24 옥잔	纘 25 이을	讃 26 도울
鑽 27 뚫을						
찰	札 5 편지	刹 8 절	紮 11 묶을	察 14 살필	擦 18 문지를	
참	站 10 역마을	參 11 참여할	斬 11 벨	僭 14 거짓	塹 14 구덩이	慘 15 슬플
慚 15 부끄러울	憾 15 부끄러울	懺 21 뉘우칠	讒 24 참소할	讖 24 예언		
창	昌 8 창성할	昶 9 밝을	倡 10 광대	倉 10 창고	娼 11 창녀	唱 11 노래
窓 11 창	創 12 비롯할	敞 12 드러날	猖 12 미쳐날뛸	愴 14 슬퍼할	槍 14 창(무기)	彰 14 밝을
滄 14 서늘할	暢 14 화창할	菖 14 창포	脹 14 부을	漲 15 넘칠	瘡 15 부스럼	廠 15 헛간
蒼 16 푸를	艙 16 선창					

267

채	采 8 캘	砦 10 진칠	彩 11 채색	埰 11 사패땅	釵 11 비녀	宷 11 동관
責 11 빚	採 12 딸	債 13 빚질	菜 14 나물	蔡 17 나라이름		
책	册 5 책	柵 9 울타리	責 11 꾸짖을	策 12 꾀		
처	妻 8 아내	凄 10 쓸쓸할	處 11 곳(거처)	悽 12 슬퍼할		
척	尺 4 자	斥 5 내칠	坧 8 기지	刺 8 찌를	拓 9 열	倜 10 고상할
剔 10 뺄	隻 10 외짝	戚 11 친척	脊 12 등마루	墌 14 터다질	陟 15 오를	慽 15 슬플
滌 15 씻을	瘠 15 파리할	慼 15 근심할	蹠 18 밟을	擲 19 던질		
천	千 3 일천	川 3 내	天 4 하늘	仟 5 일천	舛 6 어그러질	玔 8 옥팔찌
穿 9 뚫을	泉 9 샘	茜 10 꼭두서니	阡 11 밭둑길	釧 11 팔찌	淺 12 얕을	喘 12 헐떡거릴

賤 15 천할	踐 15 밟을	擅 17 마음대로	薦 19 천거할	遷 19 옮길	闡 20 넓힐	韆 24 그네
철	凸 5 볼록할	哲 10 밝을	悊 11 어질	喆 12 밝을	銕 13 쇠	綴 14 맺을
輟 15 그칠	徹 15 뚫을	撤 16 거둘	澈 16 물맑을	瞮 17 눈밝을	轍 19 바퀴자국	鐵 21 쇠
첨	尖 6 뾰족할	沾 9 젖을	甜 11 달(달다)	甛 11 달(달다)	添 12 더할	詹 13 이를
僉 13 다	諂 15 아첨할	瞻 18 우러러볼	簽 19 이름둘	籤 23 찌지붙일		
첩	妾 8 첩	帖 8 문서	捷 12 이길	貼 12 붙을	堞 12 성각휘	牒 13 평상널판
睫 13 속눈썹	輒 14 문득	諜 16 염탐할	疊 22 겹쳐질			
청	靑 8 푸를	淸 12 맑을	晴 12 갤	菁 14 우거질	請 15 청할	鯖 19 청어
聽 22 들을	廳 25 관청					

체	切 4 일체	剃 9 머리깍을	涕 11 눈물	替 12 대신할	逮 15 미칠	滯 15 막힐
	締 15 맺을	諦 16 살필	遞 17 갈마들일	體 23 몸		
초	艸 6 풀	初 7 처음	抄 8 가릴	炒 8 볶을	招 9 부를	肖 9 닮을
	俏 9 거문고탈	秒 9 분초	哨 10 망볼	苕 11 능초풀	鈔 11 좋은쇠	貂 12 담비	酢 12 초(식초)
	椒 12 산마루	草 12 풀	焦 12 그으릴	超 12 뛰어넘을	硝 12 망초	稍 12 점점	楚 13 초나라
	劋 13 노곤할	醋 15 초(식초)	樵 16 나무할	憔 16 수척할	礁 17 암초	蕉 18 파초	礎 18 주춧돌
	醮 19 제사지낼						
촉	促 9 재촉할	蜀 14 촉규화벌레	燭 17 촛불	觸 20 받을	囑 24 부탁할	矗 24 우뚝할
촌	寸 3 마디	村 7 마을	忖 7 헤아릴	邨 11 마을		

총	冢 10 무덤	怱 11 바쁠	塚 13 무덤	聡 14 귀밝을	銃 14 총	総 14 다
	摠 15 모을	憁 15 심심할	總 17 합할	蔥 17 파	聰 17 귀밝을	叢 18 모을	寵 19 사랑할
촬	撮 16 모을					
최	崔 11 높을	最 12 가장	催 13 재촉할			
추	秋 9 가을	抽 9 뺄	酋 9 우두머리	推 12 옮길	椎 12 쇠뭉치	芻 12 짐승먹이
	追 13 따를	楸 13 가래나무	湫 13 웅덩이	追 13 쫓을	樞 15 지도리	墜 15 떨어질	皺 15 주름
	萩 15 사철쑥	諏 15 꾀할	錐 16 송곳	錘 16 저울눈	鄒 17 나라이름	醜 17 더러울	趨 17 달릴
	鎚 18 쇠망치	雛 18 병아리	騶 20 마부	鰍 20 미꾸라지	鰌 20 미꾸라지		
축	丑 4 소	竺 8 나라이름	畜 10 쌓을	祝 10 축원할	軸 12 굴대	筑 12 비파

逐 14 쫓을	蓄 16 쌓을	築 16 쌓을	縮 17 오그라들	蹙 18 닥칠	蹴 19 찰(발로차다)	
춘	春 9 봄	椿 13 참죽나무	瑃 14 옥이름	賰 16 넉넉할		
출	出 5 날	朮 5 삽주	黜 17 내리칠			
충	充 6 채울	虫 6 벌레	沖 6 화할	忠 8 충성	沖 8 화할	衷 10 속마음
珫 11 귀고리옥	衝 15 충돌	蟲 18 벌레				
췌	悴 12 근심할	萃 14 떨기	膵 18 췌장	贅 18 붙일		
취	吹 7 불	炊 8 불땔	取 8 가질	臭 10 냄새	脆 10 연할	娶 11 장가들
就 12 나아갈	翠 14 비취	聚 14 모을	醉 15 술취할	趣 15 뜻	鷲 23 독수리	驟 24 달릴
측	仄 4 기울	厠 11 뒷간	側 11 곁	廁 12 뒷간	測 13 측량할	惻 13 슬퍼할

충	層 15 층					
치	侈 8 사치할	治 9 다스릴	峙 9 우뚝솟을	致 10 이룰	値 10 만날	恥 10 부끄러울
	蚩 10 어리석을	痔 11 치질	梔 11 치자나무	淄 12 물이름	雉 13 꿩	稚 13 어릴	馳 13 달릴
	嗤 13 비웃을	痴 13 어리석을	置 14 놓을	緇 14 검을	齒 15 이	幟 15 기(깃발)	輜 15 짐수레
	緻 16 빽빽할	熾 16 불땔	穉 17 어린벼	癡 19 어리석을			
칙	則 9 법	勅 9 칙령	飭 13 갖출			
친	親 16 친할					
칠	七 7 일곱	柒 9 옻칠할	漆 15 옻칠할			
침	沈 8 잠길	枕 8 베개	侵 9 침노할	針 10 바늘	砧 10 다듬잇돌	浸 11 잠길

棽 12	琛 13	寢 14	鍼 17			
무성할	보배	잠잘	침			
칩	蟄 17					
	동면할(겨울잠)					
칭	秤 10	稱 14				
	저울	일컬을				

水(ㅁ·ㅂ·ㅍ)의 글자

※ 숫자는 한자의 획수를 나타냄

마	馬 10 말	麻 11 삼	痲 13 저릴	嫣 13 어미	摩 15 갈	碼 15 옥다음가는돌
	瑪 15 옥돌이름	磨 16 갈	魔 21 마귀			
막	莫 13 말	幕 14 장막	寞 14 쓸쓸할	漠 15 아득할	膜 17 홀떼기	邈 21 멀(멀다)
만	万 3 일만	卍 6 만자	娩 10 해산할	晚 11 늦을	曼 11 끌	挽 11 당길
	輓 14 끌	漫 15 질펀할	萬 15 일만	滿 15 찰	慢 15 거만할	瞞 16 속일	蔓 17 덩굴
	鏋 19 금	饅 20 만두	戀 22 뫼	彎 22 굽을	鰻 22 뱀장어	蠻 25 오랑캐	灣 26 물굽이
말	末 5 끝	沫 9 거품	抹 9 바를	茉 11 말리꽃	靺 14 붉은끈	襪 21 버선
망	亡 3 망할	妄 6 허망할	忘 7 잊을	忙 7 바쁠	罔 9 그물	芒 9 싹

275

邙 10 북망산	望 11 바랄	茫 12 아득할	莽 12 우거질	網 14 그물	朢 14 보름	輞 15 바퀴테
매	每 7 매양	枚 8 낱	妹 8 아래누이	埋 10 묻을	枚 8 줄기	昧 9 새벽
埋 10 묻을	梅 11 매화	苺 11 딸기	買 12 살	媒 12 중매	寐 12 잠잘	煤 13 그을음
賣 15 팔	魅 15 도깨비	罵 16 욕할	邁 20 갈			
맥	麥 11 보리	脈 12 맥	貊 13 오랑캐	陌 14 밭둑길	驀 21 말탈	
맹	孟 8 맏	盲 8 소경	氓 8 백성	猛 12 날랠	盟 13 맹세할	萌 14 싹
멱	覓 11 찾을	冪 16 덮을				
면	免 7 면할	沔 8 물가득할	眄 9 곁눈질할	面 9 낯	勉 9 힘쓸	眠 10 잠잘
冕 11 면류관	棉 12 목화	綿 14 솜	緬 15 가는실	麪 15 밀가루	麵 20 밀가루	

276

멸	滅 14 멸할	蔑 17 업신여길				
명	皿 5 그릇	名 6 이름	明 8 밝을	命 8 목숨	眀 9 눈밝을	洺 10 물이름
	冥 10 어두울	楍 12 홈통	茗 12 차싹	酩 13 술취할	熐 14 부락이름	銘 14 새길	溟 14 바다
	鳴 14 울	瞑 15 눈감을	蓂 16 책력풀	螟 16 뽕나무벌레	鵬 19 초명새	
메	袂 10 소매(옷)					
모	毛 4 털	母 5 어미	矛 5 창	牟 6 클	牡 7 수컷	姆 8 여스승
	冒 9 무릅쓸	某 9 아무	侮 9 업신여길	耗 10 빌	芼 10 나물	茅 11 띠	眸 11 눈동자
	帽 12 모자	募 13 모을	貌 14 모양	瑁 14 서옥	暮 15 저물	摸 15 더듬을	模 15 법
	慕 15 사모할	摹 15 규모	謀 16 꾀할	謨 18 꾀			

277

목	木 4 나무	目 5 눈	沐 8 목욕할	牧 8 기를	睦 13 화목할	穆 16 화목하
鶩 20 따오기						
몰	沒 8 빠질	歿 8 죽을				
몽	夢 14 꿈	蒙 16 어릴	朦 18 달지려할			
묘	卯 5 토끼	妙 7 묘할	杳 8 아득할	昴 9 별자리이름	苗 11 싹	猫 12 고양이
描 13 그릴	墓 14 무덤	廟 15 사당	錨 17 닻			
무	无 4 없을	毋 4 말	戊 5 천간	巫 7 무당	武 8 호반	拇 9 엄지손가락
畝 10 밭이랑	務 11 힘쓸	茂 11 무성할	無 12 없을	貿 12 무역할	珷 13 무부	楙 13 모과나무
舞 14 춤출	誣 14 무고할	撫 16 어루만질	憮 16 실심할	橅 16 법	懋 17 힘쓸	繆 17 실천오리

蕪 18 덧거칠	鵡 18 앵무새	霧 19 안개				
묵	墨 15 먹물	默 16 잠잠할				
문	文 4 글월	刎 6 목벨	吻 7 입술	抆 8 닦을	汶 8 물이름	炆 8 연기날
門 8 문	紋 10 무늬	們 10 무리	紊 10 어지러울	蚊 10 모기	問 11 물을	雯 12 구름문채
聞 14 들을	顅 17 괴로워할					
물	勿 4 말	物 8 만물	沕 8 잠길			
미	未 5 아닐	米 6 쌀	尾 7 꼬리	味 8 맛	弥 8 활부릴	侎 8 어루만질
眉 9 눈썹	美 9 아름다울	娓 10 아름다울	梶 11 나무끝	嵋 12 깊은산	嵋 12 산이름	媄 12 빛고을
媚 12 사랑할	迷 13 미혹할	渼 13 물이름	湄 13 물가	媚 13 빛날	微 13 작을	楣 13 인중방

279

媺 13 착할	瑂 14 옥돌	躾 16 행동할	彌 17 활지울	瀰 18 많을	薇 19 장미꽃	靡 19 쓰러질
黴 23 곰팡이						
민	民 5 백성	旼 8 화할	旻 8 하늘	岷 8 산이름	忞 8 강할	泯 9 물맑을
[illegible] 9 볼	砇 9 옥돌	珉 10 옥돌	敏 11 민첩할	閔 12 성	悶 12 번민할	愍 13 근심할
暋 13 강할	鈱 13 철판	瑉 14 옥돌	[illegible] 14 강할	閩 14 땅이름	緡 15 낚시줄	慜 15 총명할
憫 16 근심할	潣 16 물졸졸흘러내릴					
밀	密 11 빽빽할	蜜 14 벌꿀	謐 17 고요할			
박	朴 6 성	泊 9 쉴	拍 9 칠	珀 10 호박	剝 10 벗길	舶 11 큰배
粕 11 지게미	迫 12 서둘	博 12 넓을	鉑 13 금박	雹 13 우박	駁 14 얼룩말	箔 14 발

撲 16 부딪칠	樸 16 나무둥치	縛 16 묶을	膊 16 어깨	璞 17 옥돌	薄 19 엷을	
반	反 4 돌이킬	半 5 절반	伴 7 짝	叛 9 배반할	拌 9 버릴	泮 9 녹을
盼 9 눈예쁠	般 10 옮길	畔 10 밭도랑	班 11 나눌	返 11 돌아올	絆 11 말굴레	斑 12 아롱질
飯 13 밥	頒 13 반포할	搬 14 옮길	槃 14 쟁반	磐 15 반석	盤 15 소반	瘢 15 흉터
潘 16 뜨물	磻 17 계곡반	蟠 18 서릴	攀 19 휘어잡을			
발	拔 9 뺄	勃 9 노할	發 12 일어날	跋 12 밟을	鉢 13 바리때	渤 13 바다
髮 15 터럭	魃 15 가물귀신	潑 16 활발할	撥 16 다스릴	醱 19 술괼		
방	方 4 모	妨 7 방해할	坊 7 막을	彷 7 거닐	尨 7 삽살개	昉 8 밝을
房 8 방	枋 8 단목	放 8 놓을	芳 10 꽃다울	倣 10 본받을	肪 10 기름	旁 10 클

紡 10 길쌈	舫 10 배	蚌 10 조개	訪 11 찾을	邦 11 나라	傍 12 곁	防 12 막을
幇 12 도울	榜 14 매질	滂 14 큰비	磅 15 돌떨어지는소리	蒡 16 우엉	膀 16 오줌통	謗 17 헐뜯을
幫 17 도울	龐 19 높은집					
배	北 5 패할	杯 8 잔	拜 9 절	盂 9 잔	倍 10 갑절	配 10 짝
俳 10 광대	徘 11 노닐	培 11 북돋을	背 11 등	胚 11 임신할	排 12 물리칠	焙 12 불에말릴
湃 13 물소리	裵 14 성	褙 15 배접할	輩 15 무리	賠 15 물어줄	陪 16 모실	
백	白 5 흰	伯 7 맏	百 6 일백	佰 8 백	帛 8 비단	柏 9 백나무
栢 10 측백나무	魄 15 넋					
번	番 12 차례	煩 13 번거로울	幡 15 기(깃발)	樊 15 새장	燔 16 구을	繁 17 번성할

翻 18	飜 21	藩 21			
날	날	울타리			
벌	伐 6	筏 12	閥 14	罰 15	
	칠	떼	벌열	벌줄	
범	凡 3	氾 6	犯 6	帆 6	汎 7	杋 7
	무릇	넘칠	범할	배돛	뜰	나무이름
范 11	梵 11	釩 11	範 15		
벌풀	범어	떨칠	법		
법	法 9	琺 13			
	법	법랑			
벽	辟 13	碧 14	劈 15	僻 15	壁 16	擘 17
	임금	푸를	뻐갤	후미질	벽	나눌
檗 17	璧 18	癖 18	霹 21	闢 21	蘗 23	
회양목	둥근옥	적병	벼락	열	황경피나무	
변	卞 4	弁 5	采 7	便 9	辨 16	辯 21
	조급할	고깔	분변할	문득	분별할	말잘할
邊 22	變 23				
가	변할				

별	別 7	莂 13	暼 17	撇 17	鱉 23	鷩 23
	다를	모종낼	얼핏볼	떨칠	자라	붉은꿩
鼈 23						
자라						
병	丙 5	兵 7	幷 8	秉 8	並 8	炳 9
	남녘	군사	아우를	잡을	아우를	빛날
柄 9	昞 9	昺 9	倂 10	病 10	屏 11	瓶 11
자루	밝을	밝을	나란할	병	병풍	병
棅 12	軿 13	鉼 14	餠 15	騂 16		
권세	가벼운수레	금덩이	떡	고을이름		
보	步 7	甫 7	宝 8	保 9	備 9	洑 10
	걸음	클	보배	보호할	도울	물막을
琇 12	珤 11	堡 12	報 12	普 12	補 13	潐 13
아름다운옥	보배	작은성	갚을	넓을	기울	보
補 13	輔 14	菩 14	褓 15	潽 16	譜 19	寶 20
기울	도울	보리나무	포대기	물	족보	보배
복	卜 2	伏 6	服 8	宓 8	匐 11	復 12
	점	엎드릴	입을	성(姓)	길	회복할

葍 12 복령	福 14 복	僕 14 종	腹 15 배	複 15 겹옷	輹 16 바퀴통	輻 16 바퀴살
蔔 17 치자꽃	鍑 17 큰솥	馥 18 향기	覆 18 돌이킬	鰒 20 전복		
본	本 5 근본					
봉	奉 8 받들	封 9 봉할	俸 10 녹	峯 10 산봉우리	烽 11 봉화	漨 11 물이름
棒 12 몽둥이	捧 12 받들	蜂 13 벌	琒 13 칼장식	逢 14 만날	鳳 14 새	澧 15 물이름
熢 15 연기서릴	鋒 15 칼날	蓬 17 쑥	縫 17 꿰맬			
부	父 4 아비	夫 4 지아비	不 4 아닌가	付 5 줄	缶 6 장군	否 7 아닐
孚 7 믿을	扶 8 도울	府 8 마을	斧 8 도끼	咐 8 분부할	阜 8 언덕	負 9 짐질
赴 9 다다를	訃 9 부고	芙 10 연꽃	俯 10 구부릴	釜 10 가마	剖 10 쪼갤	浮 11 들

婦 11 며느리	副 11 버금	符 11 병부	趺 11 책상다리할	埠 11 선창	富 12 부자	復 12 다시
傅 12 스승	復 12 다시	附 13 붙일	孵 13 작은배	莩 13 갈청	鳧 13 오리	溥 14 넓을
腐 14 썩을	孵 14 알깔	腑 14 장부	部 15 거느릴	賦 15 부세	敷 15 베풀	駙 15 곁말
膚 17 피부	賻 17 부의	簿 19 장부				
북	北 5 북녘					
분	分 4 나눌	吩 7 뿜을	汾 8 물	忿 8 성낼	扮 8 섞을	昐 8 햇빛
	奔 8 달아날	盆 9 동이	芬 10 향기	紛 10 어지러울	粉 10 가루	焚 12 불사를	雰 12 안개
	賁 13 클	墳 16 무덤	噴 16 뿜을	奮 16 떨칠	憤 17 분할	糞 17 똥	
불	不 4 아닐	弗 5 아닐	佛 7 부처	彿 8 비슷할	拂 9 떨칠	

286

붕	朋 8 벗	崩 11 무너질	棚 12 시렁	硼 13 약이름	繃 17 묶을	鵬 19 붕새
비	匕 2 비수	比 4 견줄	丕 5 클	庀 5 다스릴	妃 6 왕비	庇 7 덮을
	批 8 칠	非 8 아닐	枇 8 비파나무	卑 8 낮을	悲 9 삼갈	飛 9 날	毘 9 도울
	毗 9 도울	泌 9 샘물졸졸흐를	沸 9 끓을	砒 9 비상	秕 9 쭉정이	肥 10 살찔	秘 10 숨길
	匪 10 대상자	粃 10 쭉정이	祕 10 귀신	奜 11 클	扉 12 문짝	斐 12 문채날	棐 12 도울
	痺 13 암메추라기	碑 13 비석	琵 13 비파	椑 14 도울	鼻 14 코	榧 14 비자나무	緋 14 붉은빛
	翡 14 깃붉은새	脾 14 지라	菲 14 엷을	蜚 14 때까치	誹 15 헐뜯을	憊 16 고달플	鄙 18 더러울
	臂 19 팔	譬 20 비유할					
빈	牝 6 암컷	份 6 빛날	玭 9 소리나는진주	彬 11 빛날	斌 12 빛날	貧 11 가난할

287

賓 14 손	頻 16 자주	儐 16 인도할	嬪 17 계집	豳 17 나라이름	擯 18 물리칠	濱 18 물가
檳 18 빈랑나무	殯 18 염할	贇 18 예쁠	璸 19 옥무늬	馪 19 향기	顰 19 찡그릴	霦 19 옥광채
瀕 20 물가	繽 20 어지러울	鑌 22 강철				
빙	氷 5 얼음	聘 13 부를	憑 16 의지할	騁 17 달릴		
파	巴 4 땅이름	坡 8 고개	爬 8 긁을	杷 8 비파나무	把 8 잡을	波 9 물결
芭 10 파초	破 10 깨질	派 10 물갈래	婆 11 할미	跛 12 절뚝발이	琶 13 비파	頗 14 삐뚤어질
罷 16 파할	播 16 심을	擺 19 열릴				
판	坂 7 고개	判 7 판단할	板 8 널	版 8 판목	販 11 팔	鈑 12 금박
阪 12 산비탈	辦 16 힘쓸	瓣 19 외씨				

팔	叭 5 나팔	八 8 여덟	捌 11 깨뜨릴			
패	貝 7 조개	佩 8 찰	沛 8 배가는모양	唄 10 염불소리	敗 11 패할	湏 11 물이름
	悖 11 거스를	狼 11 이리	稗 13 피	牌 12 방붙일	覇 19 으뜸	霸 21 으뜸
팽	烹 11 삶을	彭 12 성	澎 16 물소리	膨 18 배불룩할		
퍅	愎 13 괴팍할					
편	片 4 조각	便 9 편할	扁 9 특별할	偏 11 치우칠	翩 15 훌쩍날을	篇 15 책
	編 15 엮을	遍 16 두루	鞭 18 채찍	騙 19 속일		
폄	貶 12 떨어뜨릴					
평	平 5 평평할	坪 8 들	枰 9 바둑판	泙 9 물소리	評 12 평론할	萍 14 개구리밥

폐	吠 7	肺 10	閉 11	廢 15	陛 15	幣 15
	개짖을	허파	닫을	떨어질	섬돌	폐백
弊 15	嬖 16	蔽 18				
해질	사랑할	가릴				
포	布 5	包 5	佈 7	咆 8	抱 9	怖 9
	베	쌀	펼	범의소리	않을	두려울
泡 9	匍 9	疱 10	哺 10	圃 10	匏 10	捕 11
거품	길(기다)	천연두	먹을	밭갈	박	잡을
砲 10	浦 11	苞 11	袍 11	胞 11	脯 13	飽 14
대포	물가	딸기	두루마기	태보	포	배부를
逋 14	鋪 15	葡 15	褒 15	暴 15	鮑 16	蒲 16
포흠할	펼	포도	포상할	사나울	절인생선	부들
폭	幅 12	暴 15	輻 16	爆 19	曝 19	瀑 19
	폭	사나울	바퀴살통	터질	쬘	폭포수
표	杓 7	表 9	豹 10	俵 10	票 11	彪 11
	자루	겉	표범	흩어질	표	범
剽 13	標 15	漂 15	慓 15	瓢 16	飄 20	驃 21
빠를	표할	흐를	급할	박	회오리바람	날쌜

颶 21 회오리바람	飆 21 회오리바람				
품	品 9 품수	稟 13 품할			
풍	風 9 바람	馮 12 성	楓 13 단풍나무	豊 13 풍성할	諷 16 외울	豐 18 풍년
피	皮 5 가죽	彼 8 저	披 9 헤칠	疲 10 피곤할	被 11 이불	陂 13 기울어질
避 20 피할					
필	匹 4 짝	必 5 반드시	疋 5 짝	佖 7 점잖을	泌 9 물좁게흐를	珌 10 칼장식할
苾 11 향기로울	畢 11 마칠	筆 12 붓	弼 12 도울	鉍 13 창자루	馝 14 향기	
핍	乏 5 다할	逼 16 가까울			

이상은 대법원이 선정한 인명용(人名用) 한자 5391자이다.

제12장

작명에 적합한 인명용 한자 획수

大運 따르는 이름짓는 법

대법원이 선정한 인명용(人名用) 한자 중에는 도저히 이름에 쓸 수 없는 글자가 많아 이름에 사용하기 적합한 글자만 골라 획순별로 정리하였다.

1획

一	乙						
한 일	새 을						

2획

乃	力	卜	又	二	人	丁	入
이에 내	힘 력	점 복	또 우	두 이	사람 인	고무래 정	들 입

3획

干	弓	己	女	大	万	土	三
방패 간	활 궁	몸 기	계집 녀	큰 대	일만 만	흙 토	석 삼
上	小	于	子	丈	千	寸	土
윗 상	작을 소	어조사 우	아들 자	장인 장	일천 천	마디 촌	흙 토
下	丸	工	久	凡	山		
아래 하	둥글 환	장인 공	오랠 구	무릇 범	뫼 산		

4획

介	公	孔	斤	今	內	丹
중매할 개	귀 공	구멍 공	날 근	이제 금	안 내	붉을 단
斗	毛	木	文	方	卞	夫
말 두	터럭 모	나무 목	글월 문	모 방	꼭지 변	지아비 부
父	分	少	水	升	氏	心
아비 부	나눌 분	젊을 소	물 수	되 승	성 씨	마음 심
午	王	友	牛	元	月	尹
낮 오	임금 왕	벗 우	소 우	으뜸 원	달 월	믿을 윤
允	仁	引	日	壬	中	之
진실로 윤	어질 인	이끌 인	날 일	북방 임	가운데 중	갈 지
支	天	太	片	火	化	亢
지탱할 지	하늘 천	클 태	조각 편	불 화	화할 화	오를 항

5획

可 옳을 가	加 더할 가	刊 새길 간	甘 달 감	甲 갑옷 갑	功 공 공	丘 언덕 구
句 글귀절 구	巨 클 거	代 대신 대	旦 아침 단	冬 겨울 동	末 끝 말	令 하여금 령
戊 천간 무	民 백성 민	白 흰 백	付 줄 부	北 북녘 북	本 근본 본	丙 남녘 병
仕 벼슬 사	司 맡을 사	史 사기 사	生 날 생	石 돌 석	召 부를 소	仙 신선 선
世 인간 세	申 납 신	央 가운데 앙	永 길 영	五 다섯 오	玉 구슬 옥	外 바깥 외
用 쓸 용	由 말미암 유	右 오를 우	田 밭 전	占 점칠 점	正 바를 정	左 왼 좌
主 주인 주	且 또 차	出 날 출	台 별 태	他 다를 타	平 평평할 평	皮 가죽 피
必 반드시 필	玄 검을 현	弘 클 홍	禾 벼 화	乎 어조사 호		

6획

光 빛 광	匡 도울 광	交 사귈 교	圭 홀 규	吉 길할 길	年 해 년	多 많을 다
乭 이름 돌	同 한가지 동	名 이름 명	牟 클 모	朴 성 박	百 일백 백	氾 뜰 범
妃 왕비 비	西 서녘 서	先 먼저 선	收 거둘 수	丞 정승 승	守 지킬 수	旬 열흘 순
式 법 식	臣 신하 신	安 편안 안	宇 집 우	羽 깃 우	仰 우러를 앙	旭 빛날 욱
有 있을 유	如 같을 여	伊 저 이	弛 놓을 이	因 인할 인	印 도장 인	任 맡길 임
字 글자 자	在 있을 재	全 온전 전	汀 물가 정	兆 억조 조	早 이를 조	存 있을 존
朱 붉을 주	竹 대 죽	仲 버금 중	自 스스로 자	匠 장인 장	至 이를 지	地 따 지
旨 뜻 지	充 채울 충	宅 집 택	合 모을 합	行 다닐 행	好 좋을 호	回 돌아올 회
后 황후 후						

江	冏	系	求	君	均	克
물 강	빛날 경	이을 계	구할 구	임금 군	고를 균	이길 극
男	旲	杜	良	伶	里	李
사내 남	햇빛 대	막을 두	어질 량	영리할 령	마을 리	오얏 리
利	吝	每	伯	汎	甫	庇
이로울 리	아낄 린	매양 매	맏 백	뜰 범	클 보	덮을 비
序	成	宋	秀	伸	辛	我
차례 서	이룰 성	나라 송	빼낼 수	펼 신	매울 신	나 아
冶	言	汝	余	呂	延	吾
쇠불릴 야	말씀 언	너 여	나 여	성 여	맞을 연	나 오
吳	完	佑	旰	听	位	佚
나라 오	완전할 완	도울 우	해돋을 우	웃을 은	자리 위	편안할 일
壯	玎	廷	助	佐	住	志
장할 장	옥소리 정	조정 정	조울 조	도울 좌	머물 주	뜻 지
池	材	辰	作	車	初	村
못 지	재목 재	별 진	지을 작	수레 차	처음 초	마을 촌
七	托	兌	判	佈	杓	佖
일곱 칠	맡길 탁	서방 태	판단할 판	펼 포	자루 표	점잖을 필

杏	亨	孝	希			
살구 행	형통할 형	효도 효	바랄 희			

佳	玕	杰	庚	京	炅	坰
아름다울 가	아름다운돌 간	호걸 걸	별 경	서울 경	빛날 경	들 경
季	昆	坤	官	侊	具	玖
끝 계	맏 곤	따 곤	벼슬 관	클 광	갖출 구	검은돌 구
糾	昑	技	玘	奇	佶	金
살필 규	밝을 금	재주 기	패옥 기	기이할 기	바를 길	성 김
沂	念	杻	旽	東	枓	來
물이름 기	생각 념	감탕나무 뉴	밝을 돈	동녘 동	기둥머리 두	올 래
姈	林	岦	侖	孟	侎	明
영리할 령	수풀 림	산우뚝할 립	둥글 륜	맏 맹	어루만질 미	밝을 명
命	武	炆	物	旻	旼	帛
목숨 명	호반 무	따뜻할 문	만물 물	하늘 민	화할 민	비단 백
秉	奉	扶	汾	昐	朋	社
잡을 병	받들 봉	도울 부	물이름 분	햇빛 분	벗 붕	모일 사

事	尙	抒	昔	析	姓	松
일 사	오히려 상	펼 서	옛 석	나눌 석	성 성	소나무 송
受	承	昇	始	侍	侁	実
받을 수	이을 승	오를 승	비로소 시	모실 시	떼지어갈 신	열매 실
沁	沈	亞	岩	昂	兖	沇
물 심	성 심	버금 아	바위 암	높을 앙	바를 연	물흐를 연
咏	旿	沃	枉	旺	委	汪
읊을 영	밝을 오	기름질 옥	굽을 왕	왕성할 왕	맡길 위	못 왕
玗	雨	杬	沅	侑	宜	佾
옥돌 우	비 우	나무이름 원	물이름 원	짝 유	마땅 의	춤출 일
長	佺	典	政	定	制	宗
긴 장	신선이름 전	법 전	정사 정	정할 정	법제 제	마루 종
周	宙	枝	沚	知	直	昌
두루 주	집 주	가지 지	물가 지	알 지	곧을직	창성할 창
采	玔	靑	忠	取	快	卓
캘 채	옥팔찌 천	푸를 청	충성 충	가질 취	쾌할 쾌	높을 탁
坦	汰	坪	坡	八	沆	享
넓을 탄	씻길 태	들 평	언덕 파	여덟 팔	물 항	누릴 향
呟	洽	協	岵	虎	昊	効
소리 현	윤택할 협	화할 협	산 호	범 호	하늘 호	힘쓸 효

300

和 화할 화	欣 기쁠 흔	昕 해돋을 흔	炘 성할 흔			

姜 성 강	建 세울 건	勁 굳셀 경	冠 갓 관	九 아홉 구	奎 별 규	紀 벼리 기
南 남녘 남	度 법 도	度 헤아릴 탁	亮 밝을 량	侶 짝 려	怜 영리할 령	柳 버들 류
律 법 률	俐 영리할 리	勉 힘쓸 면	美 아름다울 미	敃 강할 민	泯 물맑을 민	砇 옥돌 민
玟 옥돌 민	柏 잣 백	法 법 법	炳 빛날 병	昞 밝을 병	柄 자루 병	俌 도울 보
保 보전할 보	赴 다다를 부	玢 옥무늬 분	玭 진주 빈	泗 물이름 사	思 생각 사	相 서로 상
庠 학교 상	叙 펼 서	宣 베풀 선	姺 간들 선	星 별 성	性 성품 성	省 살필 성
昭 밝을 소	炤 밝을 소	乺 솔 솔	首 머리 수	是 이 시	施 베풀 시	信 믿을 신

易	彦	姸	衍	兗	娟	沿
별 양	클 언	고울 연	넓을 연	바를 연	예쁠 연	따를 연
羿	泳	映	盈	俉	昷	玩
사람이름 예	헤엄칠 영	비칠 영	찰 영	맞이할 오	어질 온	구경할 완
姚	勇	禹	昱	宥	姷	爰
예쁠 요	날랠 용	임금 우	빛날 욱	너그러울 유	짝 유	이에 원
威	幽	兪	玧	垠	怡	貞
위엄 위	깊을 유	성 유	옥빛 윤	언덕 은	기쁠 이	곧을 정
炡	訂	柱	奏	注	姝	俊
빛날 정	평론할 정	기둥 주	아뢸 주	물댈 주	분바를 주	준걸 준
重	哉	帝	祉	眕	姹	昶
무거울 중	비로소 재	임금 제	복 지	밝을 진	자랑할 차	밝을 창
秋	泉	招	春	峙	治	泰
가을 추	샘 천	부를 초	봄 춘	우뚝설 치	다스릴 치	클 태
表	泌	河	咸	香	泫	炫
겉 표	물흐를 필	물 하	다 함	향기 향	깊을 현	밝을 현
洞	炯	虹	泓	紅	宦	奐
찰 형	빛날 형	무지개 홍	물깊을 홍	붉을 홍	벼슬 환	클 환
皇	侯	厚	姬			
임금 황	제후 후	두터울 후	계집 희			

珏 쌍옥 각	恪 공경할 각	剛 굳셀 강	格 이를 격	兼 겸할 겸	耿 빛날 경	桂 계수나무 계
虔 공경할 건	高 높을 고	恭 공손 공	貢 바칠 공	洸 물소리 광	桄 베틀 광	宮 집 궁
根 뿌리 근	肯 즐길 긍	起 일어날 기	娜 아름다울 나	拏 잡을 나	拿 잡을 나	娘 아씨 낭
桃 복숭아 도	唐 나라 당	桐 오동 동	洛 물 락	凉 서늘 량	倆 재주 량	烈 매울 렬
倫 인륜 륜	栗 밤 률	玲 옥소리 령	馬 말 마	洺 강이름 명	娓 예쁠 미	珉 옥돌 민
珀 호박 박	芳 꽃다울 방	俸 녹 봉	倍 갑절 배	配 짝 배	栢 잣 백	芬 향기 분
粉 가루 분	師 스승 사	珊 산호 산	索 찾을 색	書 글 서	栖 깃들일 서	徐 천천히 서
祏 섬 석	城 재 성	娍 헌걸찰 성	玿 아름다운옥 소	素 흴 소	孫 손자 손	修 닦을 수
洙 물이름 수	殊 다를 수	純 순전할 순	洵 믿을 순	拾 주을 습	乘 탈 승	恃 믿을 시

時	十	娥	晏	洋	姸	娟
때 시	열 십	예쁠 아	늦을 안	바다 양	빛날 연	예쁠 연
宴	珊	芮	娛	窈	容	祐
잔치 연	옥돌 예	풀 예	즐거울 오	그윽할 요	얼굴 용	도울 우
洹	原	袁	洧	殷	恩	益
물이름 원	근원 원	성 원	물이름 유	나라 은	은혜 은	더할 익
玆	奘	栽	財	眐	祖	祚
이 자	클 장	심을 재	재물 재	바라볼 정	조상 조	복 조
曺	晁	宰	株	峻	准	埈
성 조	아침 조	재상 재	그루 주	높을 준	법 준	높을 준
祗	芝	晋	津	珍	眞	秦
공경할 지	지초 지	나라 진	나루 진	보배 진	참 진	나라 진
致	哲	祝	倬	珆	特	夏
이룰 치	밝을 철	축원할 축	클 탁	옥무늬 태	특별할 특	여름 하
恒	晑	軒	玹	惠	祜	洪
항상 항	밝을 향	마루 헌	옥돌 현	은혜 혜	복 호	넓을 홍
花	桓	晃	效	訓	烋	洽
꽃 화	나무 환	밝을 황	본받을 효	가르칠 훈	아름다울 휴	화할 흡
恰						
마침 흡						

11획

康	健	乾	烔	珙	硄	珖
편안 강	건강할 건	하늘 건	빛날 경	둥근옥 공	돌빛 광	옥피리 광
教	救	國	珪	規	近	基
가르칠 교	구원할 구	나라 국	서옥 규	법 규	가까울 근	터 기
那	堂	動	得	浪	朗	烺
어찌 나	집 당	움직일 동	얻을 득	물결 랑	밝을 랑	밝을 랑
梁	聆	崙	梨	笠	麻	晩
들보 량	깨달을 령	산이름 륜	배 리	갓 립	삼 마	늦을 만
望	梅	茂	敏	密	班	邦
바랄 망	매화 매	무성할 무	민첩할 민	빽빽할 밀	나눌 반	나라 방
培	釩	珤	浮	副	斐	彬
북돋을 배	떨칠 범	보배 보	뜰 부	버금 부	클 비	빛날 빈
常	祥	庶	旋	珗	雪	偰
항상 상	상서 상	뭇 서	돌 선	옥돌 선	눈 설	맑을 설
卨	設	涉	晟	紹	率	珣
이름 설	베풀 설	건널 섭	밝을 성	이을 소	거느릴 솔	옷그릇 순
術	崇	習	偲	晨	婑	魚
재주 술	높을 숭	익힐 습	굳셀 시	새벽 신	고울 안	고기 어

御	焉	悅	英	迎	梧	悟
모실 어	어찌 언	기쁠 열	꽃뿌리 영	맞을 영	오동 오	깨달을 오
晤	庸	勖	苑	偉	尉	唯
밝을 오	떳떳 용	힘쓸 욱	동산 원	클 위	벼슬 위	오직 유
婑	胤	訢	珢	翊	寅	訨
아름다울 유	씨 윤	공손할 은	옥돌 은	도울 익	범 인	생각할 임
張	章	將	桯	停	頂	曹
베풀 장	글 장	장수 장	기둥 정	머무를 정	이마 정	무리 조
眺	珠	晙	浚	茁	䏶	振
바라볼 조	구슬 주	밝을 준	깊을 준	싹날풀 줄	밝을 진	떨칠 진
執	捉	釧	鈔	崔	唱	彩
잡을 집	잡을 착	팔찌 천	좋은쇠 초	높을 최	노래 창	채색 채
票	彪	苾	海	珦	許	邢
표 표	범 표	향기로울 필	바다 해	옥이름 향	허락할 허	나라 형
彗	晧	晛	浩	胡	晥	凰
자비 혜	해돋을 호	볕기운 현	넓을 호	어찌 호	밝을 환	봉황새 황
涍	珝	焄	晞	烯		
물가 효	옥이름 후	향내 훈	햇볕 희	밝을 희		

12획

强 굳셀 강	開 열 개	凱 개선할 개	傑 호걸 걸	結 맺을 결	卿 벼슬 경	景 볕 경
款 정성 관	掛 걸 괘	喬 큰나무 교	球 옥경쇠 구	邱 언덕 구	貴 귀할 귀	鈞 근 균
給 줄 급	淇 물이름 기	棋 뿌리 기	能 능할 능	淡 맑을 담	敦 도타울 돈	惇 두터울 돈
棟 들보 동	阧 높을 두	淂 물모양 득	登 오를 등	絡 이을 락	淪 작은물결 륜	琅 옥돌 랑
量 헤아릴 량	理 다스릴 리	脈 맥 맥	無 없을 무	閔 성 민	博 넓을 박	幇 도울 방
番 차례 번	棅 자루 병	堡 작을성 보	普 넓을 보	復 다시 복	捧 받들 봉	富 부자 부
傅 스승 부	斌 빛날 빈	森 빽빽할 삼	翔 날개 상	舒 펼 서	晳 쪼갤 석	貹 재물 성
善 착할 선	琁 옥돌 선	盛 성할 성	邵 높을 소	淞 강이름 송	授 줄 수	琇 옥돌 수
淑 맑을 숙	荀 풀 순	順 순할 순	淳 순박할 순	焞 밝을 순	舜 임금 순	述 지을 술

勝 이길 승	視 본받을 시	植 심을 식	深 깊을 심	尋 찾을 심	雅 맑을 아	雁 기러기 안
涯 물가 애	暘 햇빛 역	硯 벼루 연	淵 못 연	詠 읊을 영	阮 성씨 완	珸 옥돌 오
堯 임금 요	雲 구름 운	雄 수컷 웅	媛 예쁠 원	閏 윤달 윤	壹 한 일	裁 헤아릴 재
程 법 정	晶 수정 정	情 뜻 정	淨 맑을 정	晸 해뜰 정	珵 옥돌 정	珽 옥이름 정
朝 아침 조	淙 물소리 종	棕 종려나무 종	悰 즐길 종	尊 높을 존	貼 재물 주	註 글뜻풀 주
晙 볼 준	準 준할 준	竣 마칠 준	儁 뛰어날 준	曾 일찍 증	智 지혜 지	軫 수레 진
集 모을 집	硨 옥돌 차	棌 참나무 채	敞 넓을 창	喆 밝을 철	添 더할 첨	淸 맑을 청
草 풀 초	晫 밝을 탁	邰 나라이름 태	統 거느릴 통	最 가장 최	推 밀 추	就 이룰 취
彭 성 팽	評 평론할 평	弼 도울 필	筆 붓 필	現 보일 현	惠 은혜 혜	皓 휠 호
淏 맑을 호	傚 본받을 효	喚 부를 환	黃 누를 황	勛 공 훈	欽 공경할 흠	翕 모일 흡

喜					
기쁠 희					

13획

賈	幹	鉀	嗛	經	敬	琨
값 가	줄기 간	갑옷 갑	겸손할 겸	글 경	공경 경	옥 곤
琯	鳩	揆	勤	琴	琦	琪
옥저 관	비둘기 구	헤아릴 규	부지런할 근	거문고 금	구슬 기	옥 기
祺	嗜	楠	湳	亶	煓	當
길할 기	즐길 기	들메나무 남	물이름 남	믿을 단	빛날 단	마땅 당
塘	廉	鈴	路	祿	莉	琳
못 당	청렴 렴	방울 령	길 로	녹 록	꽃 리	아름다운옥 림
募	睦	楙	媚	暋	鉢	渤
모을 모	화목 목	무성할 무	빛날 미	강할 민	바리때 발	바다 발
補	琵	嗣	湘	想	詳	詵
도울 보	비파 비	이을 사	물 상	생각 상	자세할 상	많을 선
愃	聖	惺	頌	綏	琡	詩
쾌할 선	성인 성	깨달을 성	칭송할 송	편안할 수	구슬 숙	글 시

309

湜	新	愛	楊	暘	揚	業
맑을 식	새 신	사랑 애	버들 양	해뜰 양	오를 양	업 업
琰	暎	渶	楹	煐	奧	鈺
비취옥 염	비칠 영	물맑을 영	기둥 영	빛날 영	깊을 오	보배 옥
雍	琬	湧	愚	愝	煜	郁
화할 옹	구슬 완	물넘칠 용	어리석을 우	기쁠 우	빛날 욱	문채날 욱
嫄	圓	園	援	渭	暐	裕
어머니 원	둥글 원	동산 원	구원할 원	물이름 위	빛날 위	넉넉할 유
楡	義	意	稔	莊	載	渽
느티나무 유	옳을 의	뜻 의	풍년들 임	씩씩할 장	실을 재	맑을 재
殿	瑱	詮	靖	鼎	琔	鉦
대궐 전	구슬 전	갖출 전	편안 정	솥 정	옥 정	징 정
楨	湞	綎	照	湊	晭	雋
쥐똥나무 정	물이름 정	인끈 정	비칠 조	물이름 주	밝을 주	뛰어날 준
稙	鉁	嵯	粲	睬	僉	楚
벼 직	보배 진	우뚝솟을 차	선명할 찬	주목할 채	다 첨	나라 초
愀	椿	稟	楓	琸	間	廈
가래나무 초	대추나무 춘	품할 품	단풍나무 풍	사람이름 탁	열릴 하	큰집 하
荷	鉉	湖	琥	渾	煥	換
연꽃 하	솥귀 현	물 호	호박 호	호릴 혼	빛날 환	바꿀 환

話	煌	會	暄	輝	暉	熙
말씀 화	빛날 황	모일 회	따뜻할 훤	빛날 휘	햇빛 휘	빛날 희

14획

嘉	閣	監	綱	踍	嫌	溪
아름다울 가	집 각	볼 감	벼리 강	우뚝설 강	편안할 강	시내 계
管	菊	閨	嫤	綺	寧	端
주관할 관	국화 국	안방 규	아름다울 근	비단 기	평안할 녕	단정할 단
團	途	逗	郎	連	領	綠
둥글 단	길 도	머무를 두	사내 랑	연할 련	거느릴 령	푸를 록
綸	摛	輓	綿	夢	頣	磻
실끈 륜	알려질 리	끌 만	솜 면	꿈 몽	강할 민	옥돌 민
裵	碧	輔	菩	福	逢	鳳
성 배	푸를 벽	도울 보	보살 보	복 복	만날 봉	새 봉
溥	裨	瑞	碩	瑄	瑆	誠
클 부	도울 비	상서 서	클 석	구슬 선	옥빛 성	정성 성
愫	誦	壽	禔	愼	實	菴
정성 소	읽을 송	목숨 수	복 시	삼갈 신	열매 실	암자 암

311

語	瑛	榮	睿	禑	溫	溶
말씀 어	옥빛 영	영화 영	슬기로울 예	복 우	따스할 온	녹을 용
瑀	熊	源	瑗	維	瑜	銀
옥돌 우	곰 웅	근원 원	옥 원	벼리 유	옥빛 유	은 은
溢	慈	綽	禎	齊	瑅	趙
넘칠 일	사랑할 자	너그러울 작	상서 정	모두 제	옥이름 제	나라 조
造	綜	種	準	賑	盡	彰
지을 조	모을 종	심을 종	법 준	넉넉할 진	다할 진	빛날 창
菜	綴	瑃	翠	馝	赫	熒
나물 채	맺을 철	옥이름 춘	비취 취	향기 필	빛날 혁	빛날 형
瑚	豪	華	瑛	瑝	滉	榥
산호 호	호걸 호	빛날 화	옥 환	옥소리 황	깊을 황	책상 황
熏	携	僖				
불사를 훈	가질 휴	기쁠 희				

15획

慤	葛	慶	熲	滾	郭	寬
성실할 각	칡 갈	경사 경	빛날 경	물흐를 곤	성 곽	너그러울 관

312

廣 넓을 광	嬌 아름다울 교	銶 끌 구	逵 큰길 규	劇 연극 극	瑾 맑을 근	槿 무궁화 근
畿 경기 기	談 말씀 담	德 큰 덕	墩 돈대 돈	董 동독할 동	樂 즐길 락	樑 들보 량
諒 믿을 량	慮 생각할 려	練 익힐 련	魯 나라 로	劉 묘금도 류	凜 찰 름	瑪 옥돌 마
滿 찰 만	萬 일만 만	模 법 모	墨 먹물 묵	盤 반석 반	範 법 범	敷 펼 부
賜 줄 사	箱 상자 상	賞 상줄 상	緒 실마리 서	奭 클 석	嬋 고울 선	墡 백토 선
線 실 선	睟 재물 수	熟 익을 숙	諄 도울 순	醇 순후할 순	陞 오를 승	審 살필 심
賅 사람이름 애	養 기를 양	漁 고기잡을 어	億 억 억	演 넓을 연	葉 잎 엽	瑩 밝을 영
藝 재주 예	瑥 이름 온	緩 늦을 완	瑤 아름다운옥 요	瑢 옥소리 용	院 집 원	衛 모실 위
緯 씨 위	褘 아름다울 위	誾 화평 은	儀 거동 의	毅 굳셀 의	誼 옳을 의	逸 편안 일
暫 잠깐 잠	漳 물이름 장	暲 밝을 장	樟 예장나무 장	著 나타날 저	蝶 나비 접	調 고루 조

313

駐	週	儁	增	摯	稷	陣
머무를 주	일주 주	뛰어날 준	더할 증	지극할 지	피 직	진칠 진
進	震	瑨	緝	質	徵	瑳
나아갈 진	진동할 진	옥돌 진	모을 집	바탕 질	부를 징	옥빛 차
贊	陟	徹	請	樞	趣	踔
도울 찬	오를 척	뚫을 철	청할 청	지도리 추	뜻 취	뛰어날 탁
編	篇	漂	標	漢	墟	賢
엮을 편	책 편	뜰 표	표할 표	물이름 한	큰언덕 허	어질 현
瑩	慧	滸	嬅	碻	皛	勳
옥빛 형	지혜 혜	물가 호	고울 화	확실할 확	나타날 효	공 훈
萱	輝	興	嬉			
원추리 훤	빛날 휘	일어날 흥	즐거울 희			

16획

橄	鋼	彊	蓋	潔	憬	曔
감람나무 감	강철 강	굳셀 강	덮을 개	맑을 결	깨달을 경	밝을 경
緄	龜	窺	瑾	錦	錡	冀
구리 곤	거북 귀	엿볼 규	옥 근	비단 금	가마 기	바랄 기

瑇	諾	達	潭	道	都	篤
옥 기	허락할 낙	통달할 달	못 담	길 도	도읍 도	도타울 독
燉	暾	潼	頭	燈	憐	盧
빛날 돈	해돋을 돈	물이름 동	머리 두	등불 등	사랑할 련	성 로
錄	龍	陸	潾	謀	穆	蒙
기록할 록	용 룡	뭍 륙	맑을 린	꾀할 모	화목 목	어릴 몽
橅	默	躾	潑	陪	潽	儐
법 모(무)	잠잠할 묵	가르칠 미	활발할 발	모실 배	넓을 보	인도할 빈
諝	錫	璇	樹	遂	橓	諶
슬기 서	주석 석	옥이름 선	나무 수	드디어 수	무궁화나무 순	믿을 심
鴈	謁	嶪	餘	燕	燁	曄
불빛 안	보일 알	높을 업	넉넉할 여	제비 연	빛날 엽	빛날 엽
叡	蓉	輝	運	衛	澐	諭
밝을 예	연꽃 용	넉넉할 운	돌 운	모실 위	큰물결 운	깨우칠 유
潤	融	陰	諲	璋	賊	積
윤택할 윤	화할 융	그늘 음	공경할 인	서옥 장	재물 재	쌓을 적
靜	錠	諸	輳	澍	寯	儘
고요정	신선로정	모두 제	모일 주	물쏟을 주	뛰어날 준	다할 진
陳	輯	潗	澄	撤	澈	賰
베풀 진	모을 집	샘날 집	맑을 징	거둘 철	물맑을 철	넉넉할 춘

播	辦	澎	遍	煆	學	翰
심을 파	힘쓸 판	물소리 팽	두루 편	붉을 하	배울 학	깃 한
憲	螢	衡	憓	澔	樺	圜
법 헌	반딧불 형	저울대 형	사랑할 혜	빛날 호	자작나무 화	둥글 환
熿	曉	勳	羲	憙	熺	
빛날 황	새벽 효	공 훈	황제이름 희	기뻐할 희	밝을 희	

17획

講	檄	謙	擎	璟	璥	璣
익힐 강	격문 격	겸손할 겸	받들 경	옥빛 경	등불 경	구슬 기
磯	鍍	檀	憺	聯	濂	隆
자갈 기	도금할 도	박달나무 단	편안할 담	이을 련	물 렴	높을 룽
璘	懋	璞	幫	繁	禪	鮮
옥무늬 린	힘쓸 무	옥돌 박	도울 방	성할 번	고요할 선	빛날 선
燮	聲	遜	隋	穗	襄	陽
불꽃 섭	소리 성	겸손할 손	나라 수	이삭 수	도울 양	볕 양
憶	輿	績	營	濊	蓺	謠
생각할 억	수레 여	길 연	경영할 영	깊을 예	심을 예	노래 요

聳	優	蔚	遠	應	鴯	翼
솟을 용	넉넉할 우	고을이름 울	멀 원	응할 응	제비 이	날개 익
蔣	點	檉	操	鍾	駿	澯
풀 장	점 점	능수버들 정	잡을 조	술병 종	준마 준	맑을 찬
燦	瞰	鄒	總	擇	澤	嚇
빛날 찬	눈밝을 철	나라이름 추	거느릴 총	가릴 택	못 택	웃음소리 하
韓	鄕	蹊	鴻	闊	璜	檜
나라 한	시골 향	지름길 혜	기러기 홍	넓을 활	구슬 황	저나무 회
獲	徽	禧				
얻을 획	아름다울 휘	복 희				

18획

鞨	璥	壙	闕	謹	騎	懦
나라이름 갈	옥이름 경	들판 광	대궐 궐	삼갈 근	말탈 기	부드러울 나
戴	濤	濫	禮	釐	謨	馥
일 대	큰물결 도	물넘칠 람	예도 례	다스릴 리	꾀할 모	향기 복
贇	璧	曙	蕣	璱	濕	濚
예쁠 빈	구슬 벽	동틀 서	무궁화 순	푸른구슬 슬	젖을 습	물흐를 영

曜	鎔	曘	魏	濦	彝	濟
빛날 요	녹일 용	햇빛 유	위나라 위	강이름 은	떳떳할 이	건널 제
題	燽	濬	職	鎭	瞻	礎
글 제	밝을 주	깊을 준	벼슬 직	진정할 진	우러러볼 첨	주춧돌 초
叢	擢	豐	爀	顯	蕙	濠
모을 총	높을 탁	풍년 풍	빛날 혁	나타날 현	난초 혜	물 호
鎬	環	燻				
호경 호	고리 환	불기운 훈				

19획

鏡	曠	麒	鄲	譚	禱	鄧
거울 경	빌 광	기린 기	조나라 단	클 담	빌 도	나라이름 등
覵	麗	簾	麓	瀏	鏋	薇
자세할 라	빛날 려	발 렴	산기슭 록	맑을 류	금 만	장미 미
譜	鵬	霦	爍	璿	蟾	璹
족보 보	새 붕	옥광채 빈	빛날 삭	옥 선	도울 섬	옥그릇 숙
識	薪	璿	繩	嬿	瓀	艶
알 식	섶 신	옥돌 신	줄 승	아름다울 연	옥돌 연	고울 염

318

睿 밝을 예	鏞 쇠북 용	遺 남을 유	穩 편안할 온	願 원할 원	鵲 까치 작	薔 장미 장
鄭 나라 정	疇 밭 주	贈 줄 증	遲 더딜 지	贊 찬성할 찬	轍 바퀴자국 철	寵 사랑할 총
嚮 향할 향	瀅 물맑을 형	穫 거둘 확	擴 넓힐 확	繪 그림 회		

20획

覺 깨달을 각	瓊 구슬 경	警 경계할 경	繼 이을 계	勸 권할 권	騰 오를 등	藤 덩굴 등
羅 벌릴 라	隣 이웃 린	邁 힘쓸 매	寶 보배 보	譬 비유할 비	瀕 물가 빈	薩 보살 살
薁 아름다울 서	釋 놓을 석	鐥 좋은쇠 선	瀟 강이름 소	壤 곱다란흙 양	孃 아가씨 양	嚴 엄할 엄
譯 번역할 역	嚥 청명할 연	耀 빛날 요	瀜 물깊을 융	議 의논할 의	籍 호적 적	瀞 맑을 정
鐘 쇠북 종	瓆 사람이름 질	鏶 판금 집	纂 모을 찬	闡 넓힐 천	觸 받을 촉	瀚 넓고클 한

319

邂	獻	懸	譞	馨	還	懷
만날 해	드릴 헌	매달 현	영리할 현	향기 형	돌아올 환	품을 회
斅	薰	曦				
가르칠 효	향기풀 훈	햇빛 희				

21획

顧	藤	爛	瀾	覽	儷	瓏
돌아볼 고	등나무 등	찬란할 란	큰물결 란	볼 람	짝 려	옥소리 롱
翻	闢	辯	續	隨	鶯	躍
날 번	열 벽	말씀 변	이을 속	따를 수	꾀꼬리 앵	뛸 약
瀯	藝	譽	饒	邇	齎	鐫
물소리 영	재주 예	기릴 예	넉넉할 요	가까울 이	가져올 재	새길 전
儹	鐵	鐸	覇	鶴	顥	鐶
모일 찬	쇠 철	방울 탁	으뜸 패	학 학	클 호	고리 환
犧						
햇빛 희						

320

22획

鑑	灌	鷗	權	讀	讀	瓓
거울 감	물댈 관	갈매기 구	권세 권	읽을 독	구절 두	옥무늬 란
巒	邊	繽	攝	蘇	儼	瓔
신봉우리 만	가 변	강철 빈	잡을 섭	깨어날 소	의젓할 엄	옥돌 영
蘂	蘊	懿	霽	鑄	讚	聽
꽃술 예	쌓을 온	아름다울 의	갤 제	쇠붙일 주	도울 찬	들을 청
響	瀅	譓	歡	驍	纁	
소리 향	물이름 형	살필 혜	기쁠 환	날랠 효	금빛 훈	

23획

瓘	鑛	蘭	戀	鷺	麟	檗
옥이름 관	쇳덩이 광	난초 란	생각할 련	백로 로	기린 린	나무 벽
鷩	巖	醼	纓	蔭	欑	灘
붉은꿩 별	바위 암	잔치 연	갓끈 영	은총 은	모일 찬	여울 탄
顯	頀					
나타날 현	풍류 호					

24획

罐	衢	靈	讓	瓚	矗	驟
두레박 관	네거리 구	신령 령	겸손할 양	옥그릇 찬	우뚝할 촉	달릴 취

25획

觀	欖	攬	纘	灝		
볼 관	감람나무 람	잡을 람	이을 찬	넓을 호		

26획

驥	灣	讚				
준마 기	물굽이 만	도울 찬				

27획

鑽						
뚫을 찬						

제13장

大運 따르는 이름짓는법

획수로 보는 직업 및
배우자 운세

획수로 보는 직업 및 배우자 운세

초년은 싹이 트고 자라는 과정이고, 중년은 꽃이 피는 시기이며, 말년은 열매를 맺는 시기이다. 그러나 꽃을 피워야만 열매를 맺는 것이니 인생의 진정한 활동 무대는 중년이라고 할 수 있다. 이름도 마찬가지로 이격, 형격, 원격, 정격이 모두 길격(吉格)이 되어야 하는데 그 중에서 가장 중심적 역할을 하는 것이 성(姓)의 획수와 이름의 가운데 글자 획수를 합한 형격(亨格)이다.

그래서 형통할형(亨)자를 쓰는 것이다.

그러면 형격(亨格)이 지닌 의미(意味)를 알아보자.

> 형격 : 11, 13, 15, 17, 18, 21이 가운데인 획수

이격, 원격, 정격이 길격(吉格)이며 사주(四柱) 생년, 월, 일, 시가 좋으면 의사, 법관, 정치가, 군인 등으로 출세한다.

> 형격 : 15, 16, 18, 21, 23이 가운데인 획수

이격, 원격, 정격이 길격(吉格)이면 소설가, 작가, 시인, 가수, 작곡가, 디자이너, 배우 탤런트 등으로 출세한다.

> 형격 : 16, 17, 18, 21, 25이 가운데인 획수

이격과 정격이 길격(吉格)이며 사주(四柱) 생년, 월, 일, 시가 좋으면 사업가로 대성공한다.

> 형격 : 10, 12, 14, 19, 20, 22이 가운데인 획수

이격이 흉격(凶格)이면, 여자는 과부가 될 우려가 있는 이름이다.

이격과 정격이 흉격(凶格)이면 남편이 첩을 얻거나 또는 과부가 될 우려가 있는 이름이다.

이격과 정격이 길격(吉格)이며, 사주(四柱) 생년, 월, 일, 시가 좋으면 군인, 경찰, 공무원 등으로 출세한다.

이격과 원격이 길격(吉格)이면 재물운, 관운, 명예운이 좋다.

원격과 정격이 길격(吉格)이면 조리사, 요리 연구가, 조각가, 화가, 서예, 세공업 등으로 성공한다.

이격이 흉격(凶格)이면 사업실패, 이혼, 관재구설, 부부생이·사별 등으로 풍파를 겪게 된다.

이격과 원격이 길격(吉格)이면 작가, 아나운서, 신문사 기자, 방송국 기자, 잡지사 기자, 편집 책임자 등으로 출세한다.

이격이 흉격(凶格)이면 부부이혼, 질병, 수술, 사업실패 등으로 풍파를 겪게 된다.

이격과 원격이 흉격(凶格)이면 가정에 풍파가 많은 이름이라 남녀 모두 결혼운이 나쁘며 자식이 불효를 하게 된다.

형격 : 15, 16, 17, 21, 23, 25, 33이 가운데인 획수

이격이 길격(吉格)이며 사주(四柱) 생년, 월, 일, 시가 좋으면 운동 선수, 모델, 무용수, 발레리나, 카메라맨, 미용사, 종교가, 성직자 등 으로 출세한다.

형격 : 10, 14, 19, 20, 22이 가운데인 획수

이격과 정격이 흉격(凶格)이면 질병, 부상, 수술 등의 풍파를 겪거나 단명할 우려가 있는 이름이다.

형격 : 18, 19, 20, 21, 22, 25이 가운데인 획수

정격이 28, 30, 34, 36 획수이면 중년에 실직, 사업실패, 질병, 수술, 이혼 등으로 풍파를 겪게 된다.

형격 : 10, 11, 13, 15, 19, 20이 가운데인 획수

이격 또는 원격이 흉격(凶格)이면 인덕이 없고 운세가 막히니 비록 일시적 성공이나 영화를 누린다해도 오래 지속하지 못하고 결국은 실패, 파직, 파산, 형액 등의 액운을 겪게 된다.

형격이 8, 11, 15, 18, 21, 23이 가운데인 획수

이격과 원격이 길격(吉格)이면 판사, 검사, 사법관, 스튜어디스, 간 호사, 약사, 평론가, 통역관, 외교관, 운송업, 선전광고업 등으로 출 세한다.

이격에 14, 19, 20, 22 획수가 쌍으로 짝을 이루면 30세 미만에 단명할 우려가 있는 이름이다.

정격이 흉격(凶格)이며 닭띠, 토끼띠, 잔나비띠, 말띠, 돼지띠가 1월, 4월, 8월, 10월, 12월생이면 청춘과부가 되거나 남편이 첩을 얻게 된다.

이격이 흉격(凶格)이며 쥐띠, 말띠, 범띠, 용띠, 개띠가 1월, 2월, 3월, 7월, 9월생이면 남편이 첩을 얻거나 아니면 자신이 첩(妾) 노릇을 하게 된다.

원격이 흉격(凶格)이며 양띠, 소띠, 뱀띠, 개띠, 말띠가 5월, 6월, 9월, 10월, 11월생이면 가정에 풍파가 많은 이름이라 남녀 모두 2, 3차 재혼을 하게 된다.

정격이 흉격(凶格)이면 사업실패, 실직, 수술, 질병, 파산, 형액 등으로 고난을 겪게 되고, 말년에 자식이 불효를 하게 된다.

원격이 흉격(凶格)이면 남녀 모두 배우자복이 없으며 자손이 불효를 하게 된다.

이격이 흉격(凶格)이면 질병, 수술, 사업실패, 실직, 파산, 형액 등으로 고난을 겪게 되고, 자손이 불효를 하게 된다.

원격과 정격이 흉격(凶格)이면 남녀 모두 단명할 우려가 있는 이름이다.

원격이 흉격(凶格)이면 사업실패, 실직, 파산, 형액, 질병, 수술, 이혼 등으로 고난을 겪게 되고, 자손이 불효를 하는 이름이다.

제14장

大運 따르는 이름짓는법

상호商號 짓는 법

1. 상호(商號)의 중요성

사람의 이름을 짓는 것 이상으로 기업체나 개인사업체의 상호를 짓는 것은 중요하다. 작게는 구멍가게에서부터 크게는 대기업에 이르기까지 모두 상호가 있게 마련이다.

그런데 왜? 어떤 사람은 잘되고 어떤 사람은 잘안되는 것일까? 그것은 상호(商號)를 사업주의 사주(四柱) 생년, 월, 일 , 시에 걸맞게 지어야 잘된다고 할 수 있다.

예를 들면 손님이 없던 가게도 간판, 상호를 바꾸고 나서 손님이 붐비는 경우가 왕왕 있다. 신기한 것은 똑같은 상품을 파는데 일어나는 현상이다. 그렇다면 이것은 무언가 소리에서 발산되어 나오는 보이지 않는 힘에 의해 운(運)을 끌어당기는 상승작용에 의한 것이다. 비유를 하자면 상자에 폭발물이라는 글자를 써서 붙인 다음 길거리에 갖다 놓는다면 행인들은 상자 안에 폭발물이 있든 없든 누구나 피해 갈 것이다. 그러나 귀중품이라는 글자를 써서 붙였다면 상자 안에 귀중품이 있든 없든 뭐가 들어 있길래 호기심을 갖고서 접근할 것이다.

상호도 마찬가지로 이와 같이 글자나 부르는 소리 들리는 소리에 의해 복(福)도 오고, 화(禍)도 오는 것이니 음(音)의 파장(波長)을 깊이 파고들면 그중에서 진짜 복(福)이 되는 소리가 있는 것이다.

기업의 상호나 제품의 이름을 정하는 작업은 쉬운 일이 아니다. 특히 오랫동안 유지해 오던 상호를 바꾸는 작업은 생각보다 많은 시간과 자금이 필요하기 때문에 쉽게 결정할 수 없다. 지금은 생소하게 느껴질 금성전자(Goldstar)는 LG 전자로 완전히 이름을 바꾸기까지

3년이란 시간이 필요했다. LG란 글로벌 기업을 만들기 위해 그에 걸맞은 브랜드가 필요했고 국내외 마케팅에도 많은 공을 들였다. 명실상부 세계적 기업으로 성장하기까지 질 좋은 제품을 바탕으로 한 브랜드 알리기에도 돈을 아끼지 않은 결과물이다.

LG가 상호를 바꿈으로 해서 글로벌한 기업으로 발전한 반면 오랫동안 브랜드를 유지한 오뚜기 역시 강세다. 장수 브랜드로 촌스럽다는 이미지를 극복하고 토종 브랜드에 대한 국민적 애정과 착한 기업이미지를 더하여 계속 승승장구하고 있는 중이다.

브랜드는 곧 제품의 품질 보증과 서비스의 보장이라는 확신을 제공하기 때문에 더욱 중요한 가치를 지니고 있다. 소규모 사업장이라 할지라도 상호는 나를 알리는 가장 적극적인 방법이기 때문에 즉흥적이거나 사적인 이유로 상호를 정하는 것은 위험한 발상이다. 기억하기 쉽고 재미있는 상호로 눈길을 끄는 것도 좋지만 나와 궁합이 잘 맞는 이름으로 오랫동안 번창하는 상호 짓는 법을 알아보자.

2. 상호(商號) 짓는 법

회사명, 점포상호, 상표를 짓는 법도 이름과 동일(同一)하다. 다만 업종에 따라 차이가 있을 뿐이다.

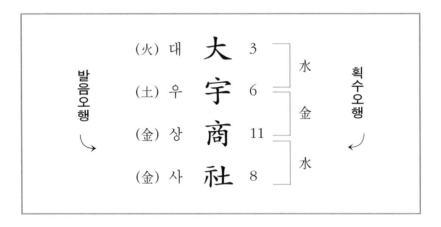

풀이해설 大 3획, 宇 6획을 합하면 → 9획 水가 되며
宇 6획, 商 11획을 합하면 → 17획 金이 되며
商 11획, 社 8획을 합하면 → 19획 水가 된다.
즉, 金생水가 되니 길(吉)하다.

발음오행 대(火) 우(土) 상(金) 사(金)
火생土생金이 되니 길(吉)하다.

참고 획수오행과 발음오행이 상생(相生)을 이루고 있으니 좋은 상호가 된다.

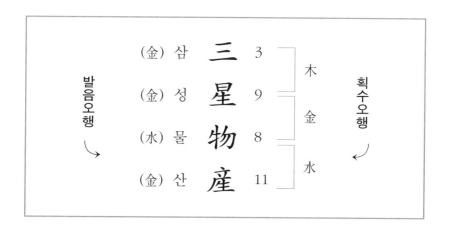

풀이해설 三 3획, 星 9획을 합하면 → 12획 木이 되며

星 9획, 物 8획을 합하면 → 17획 金이 되며

物 8획, 産 11획을 합하면 → 19획 水가 된다.

즉, 金생水생木이 되니 길(吉)하다.

발음오행 삼(金) 성(金) 물(水) 산(金) 즉, 金생水가 되니 길(吉)하다.

참고 획수오행과 발음오행이 상생(相生)을 이루고 있으니 좋은 상호가 된다.

※ 획수오행과 발음오행의 상생(相生), 상극(相剋)을 잘 모르시는 분은 제1장 오행과 제3장 획수오행 제4장 상생과 상극을 참조하면 된다.

※ 상생(相生) 상호와 상극(相剋) 상호를 구별해서 써야만 하는 이유는 상극상호보다는 상생상호가 사업이 더 번창한다는 점이다.

★ 상생(相生) 상호의 예

광동, 금강, 고려, 대우, 대교, 도루코, 대웅, 동아, 다음, 롯데, BYC, 빙그레, 삼성, CJ, 신원, 쌍용, 아남, 아세아, LG, 오뚜기, GS, KT, 태영, 풍산, 포스코, 하나, 효성, 해태, 현대, 하이닉스 등

★ 상극(相剋) 상호의 예

금호, 기아, 네이버, 대성, 두산, 다스, 대선, 대신, 동부, 동성, 미원, 모나미, 미도파, 보령, 보해, 범양, 삼천리, 유공, 이건, 영풍, 은마, 진로, 태성, 풀무원, 흥국, 한미, 한국 등

※ 이상의 상생(相生) 상호와 상극(相剋) 상호를 알아 보았는데, 사업주의 사주(四柱) 생년, 월, 일, 시에 꼭 필요한 오행(五行)을 선택하여 상호를 지으면 상극(相剋) 상호라도 사업이 번창하게 되는 것이다. 특이한 점은 상생상호는 금융업, 제조업이 많으며 상극상호는 유통업, 운수업, 건설업이 많은 점이다. 그러나 상극상호보다는 상생상호가 더 번창하게 되는 것을 확인하였다.

3. 작명보감 종합 정리해설

이 책을 익히고 배운 사람이면 누구나 쉽게 이름을 지을 수 있는 작
명법이다. 초심자인 경우 필요한 성(姓) 획수에 따른 수리정리 제7장
도표에서 정(定)해 놓은 획수와 제6장 성명에 불길(不吉)한 문자(文
字)를 참고하여 뜻이 좋은 글자를 골라 발음오행(發音五行)이 길격
(吉格)이 되게 하면 많은 효과(좋은 이름)를 볼 수 있다.

그러나 열배, 백배의 효과(날리는 이름)을 얻기 위한 작명방법은 사
주(四柱), 생년, 월, 일, 시에 걸맞게 지어야 한다는 점이다.

이것은 이병철, 정주영과 같은 이름을 쓰고 같은 상호(商號)를 쓴다
고 해서 재벌, 갑부가 안되는 것과 같다.

여러분들 중에 이름맞춤법이 모두 좋은데도 우환(憂患)이 끊이질 않
고 매사가 잘 풀리지 않는 사람은 사주(四柱)에 맞지 않는 이름이니
개명(改名)할 필요가 있다. 왜냐하면 인기좋게 잘 나가는 연예인들
도 본명 쓰는 사람이 별로 없다.

성(姓)만대도 알만한 연예인들 예를 들면 신아무개, 최아무개, 설아
무개, 김아무개, 현아무개 등 모두 이름덕이다.

비유를 하자면 면으로 된 천을 절반 쭉 찢어 하나는 걸레, 하나는 행
주라는 이름이 붙여지는 순간 같은 천이지만 하나는 걸레의 운명을,
하나는 행주의 운명을 살 듯이…

다음은 사주(四柱)와 용신(用神)에 대하여 알아보자.

제15장

大運 따르는 이름짓는법

사주 四柱와 용신 用神

1. 사주

1) 사주팔자(四柱八字)란 무엇인가?

생년, 월, 일, 시, 네 기둥 여덟 자를 말한다.

위에서 보는 바와 같이 네 기둥 간지(干支) 여덟 자를 배대해 놓고 운명의 길흉(吉凶)을 알아보는 음양오행술(陰陽五行術)인 동시에 한난조습(寒暖燥濕)으로 보는 기상학이기도 하다.

이 사주 운명을 이치로 본다고 하여 명리학(命理學) 또는 명을 추리하여 본다고 해서 일명 추명학(推命學)이라고도 한다.

음양(陰陽)이란 태극(太極)에서 동정(動靜)의 양기(兩氣)가 분리되어 나온 태양(太陽)과 태음(太陰)을 말하는 것인데 즉, 상대성 원리를 말한다.

2) 천간(天干)

甲	乙	丙	丁	戊	己	庚	辛	壬	癸
갑	을	병	정	무	기	경	신	임	계

이상을 천간(天干)이라 한다.

3) 지지(地支)

子	丑	寅	卯	辰	巳	午	未	申	酉	戌	亥
자	축	인	묘	진	사	오	미	신	유	술	해
쥐	소	범	토끼	용	뱀	말	양	잔나비	닭	개	돼지

이상을 지지(地支)라 한다.

● 甲, 乙, 丙, 丁, 戊, 己, 庚, 辛, 壬, 癸는 천간(天干) 또는 열 개라
하여 십간(十干)이라 부른다.
● 子, 丑, 寅, 卯, 辰, 巳, 午, 未, 申, 酉, 戌, 亥는 지지(地支) 또는 열
두 개라하여 십이지지(十二地支)라 한다.
● 천간(天干)은 하늘이요, 지지(地支)는 땅이다.

4) 음양(陰陽)

천간	甲	乙	丙	丁	戊	己	庚	辛	壬	癸		
음양	⊕	−	⊕	−	⊕	−	⊕	−	⊕	−	⊕	−
지지	子	丑	寅	卯	辰	巳	午	未	申	酉	戌	亥

● 천간 음양
갑 병 무 경 임(甲 丙 戊 庚 壬)은 양 ⊕ 이고,
을 정 기 신 계(乙 丁 己 辛 癸)는 음 ⊖ 이다.

● 지지 음양

자인진오신술(子寅辰午申戌)은 양 ⊕이고,
축묘사미유해(丑卯巳未酉亥)는 음 ⊖이다.

5) 오행(五行)

천간	甲	乙	丙	丁	戊	己	庚	辛	壬	癸
지지	寅	卯	巳	午	辰戌	丑未	申	酉	亥	子
오행	木(나무)		火(불)		土(흙)		金(쇠)		水(물)	

이상을 오행(五行)이라 한다.

6) 상생(相生)

● 오행의 상생도

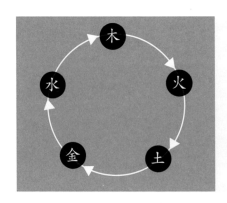

木 生 火
火 生 土
土 生 金
金 生 水
水 生 木

7) 상극(相剋)

● 오행의 상극도

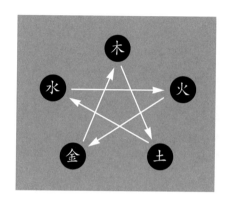

木 剋 土
土 剋 水
水 剋 火
火 剋 金
金 剋 木

※ 상생(相生)과 상극(相剋)의 자세한 설명은 제4장 상생, 상극을 참조하면 된다.

8) 사주(四柱)를 정하는 법

● 육십갑자(六十甲子)

甲子	乙丑	丙寅	丁卯	戊辰	己巳	庚午	辛未	壬申	癸酉
甲戌	乙亥	丙子	丁丑	戊寅	己卯	庚辰	辛巳	壬午	癸未
甲申	乙酉	丙戌	丁亥	戊子	己丑	庚寅	辛卯	壬辰	癸巳
甲午	乙未	丙申	丁酉	戊戌	己亥	庚子	辛丑	壬寅	癸卯
甲辰	乙巳	丙午	丁未	戊申	己酉	庚戌	辛亥	壬子	癸丑
甲寅	乙卯	丙辰	丁巳	戊午	己未	庚申	辛酉	壬戌	癸亥

9) 연주(年柱)를 정하는 법

사주(四柱)를 뽑으려면 우선 만세력을 준비해서 참조하여야 한다.
만세력이란 1880년대~2030년대까지 볼 수 있는 달력을 말한다. 만
세력은 서점이나 인터넷에서 찾을 수 있으며, 만세력이 준비되었다
면 사주를 보기 위해 연주(年柱) 정하는 법을 알아보자.

연주는 출생한 연도가 육십갑자 중 어느해인지 찾으면 된다. 그러나
연주의 기준은 그해 정월(1월) 초하루(1일)부터 바뀌는 것이 아니고,
입춘이 드는 그 시각을 기준으로 한다.

예를 들면 1966년 1월 14일(음력) 출생하였더라도 입춘 전에 출생한
때는 해가 바뀌지 않았으니 연주는 1965년도의 乙巳가 연주(年柱)
가 되며, 월주(月柱)도 12월 월건(月建)인 그 己丑을 써야 한다. 즉,
입춘(立春)이 드는 그 시각부터 丙午생이 되는 것이다.

10) 월주(月柱)를 정하는 법

생월의 간지(干支)는 만세력에 있는 각월의 월건(月建)에 의한다.
연주의 간지를 정할 때 입춘을 기준으로 하듯이 월주(月柱)의 간지
를 정하는 것도 절입(節入)시기를 기준으로 한다.

예를 들면 1960년 3월 10일생(음력)인 사람은 3월의 절입날이 3월
10일 청명(淸明)시부터이므로, 생월의 간지(干支)는 3월의 월건(月
建)인 庚辰을 쓰며 3월 9일생(음력)인 사람은 비록 3월달에 출생하
였더라도 3월 절입전이므로 2월 월건인 己卯로 그 생월의 간지(干
支)를 정한다.

각월의 절입시기는 다음과 같다.

1월 입춘, 2월 경칩, 3월 청명, 4월 입하, 5월 망종, 6월 소서, 7월 입추, 8월 백로, 9월 한로, 10월 입동, 11월 대설, 12월 소한

● 월주 조견표

월별 년간	1월	2월	3월	4월	5월	6월	7월	8월	9월	10월	11월	12월
甲己年	丙寅	丁卯	戊辰	己巳	庚午	辛未	壬申	癸酉	甲戌	乙亥	丙子	丁丑
乙庚年	戊寅	己卯	庚辰	辛巳	壬午	癸未	甲申	乙酉	丙戌	丁亥	戊子	己丑
丙辛年	庚寅	辛卯	壬辰	癸巳	甲午	乙未	丙申	丁酉	戊戌	己亥	庚子	辛丑
丁壬年	壬寅	癸卯	甲辰	乙巳	丙午	丁未	戊申	己酉	庚戌	辛亥	壬子	癸丑
戊癸年	甲寅	乙卯	丙辰	丁巳	戊午	己未	庚申	辛酉	壬戌	癸亥	甲子	乙丑

11) 일주(日柱)를 정하는 법

일주는 월주와 같이 절입에 따라 변하는 것이 아니고 당일의 일진을
그대로 사용하는 것이다.
일주를 알기 위해서는 반드시 [만세력] 을 참조하여야 한다.
예를 들면 1959년 10월 9일(음력) 출생하였다면 사주는 아래와 같이
쓴다.

12) 시주(時柱)를 정하는 법

시(時)의 간지(干支)는 월주의 간지와 같이 시지(時支)는 항상 일정
하고 시간(時干)은 일간(日干)에 의하여 결정된다. 그리고 하루는
밤 12시를 기준으로 하는 것이 아니라 자시(子時)를 기준으로 한다.

13) 시각(時刻)과 시지(時支)

시지	시간	시지	시간
子(자)시	23시~1시	午(오)시	11시~13시
丑(축)시	1시~3시	未(미)시	13시~15시
寅(인)시	3시~5시	申(신)시	15시~17시
卯(묘)시	5시~7시	酉(유)시	17시~19시
辰(진)시	7시~9시	戌(술)시	19시~21시
巳(사)시	9시~11시	亥(해)시	21시~23시

● 시주(時柱) 조견표

시별 일간	子	丑	寅	卯	辰	巳	午	未	申	酉	戌	亥
甲己日	甲子	乙丑	丙寅	丁卯	戊辰	己巳	庚午	辛未	壬申	癸酉	甲戌	乙亥
乙庚日	丙子	丁丑	戊寅	己卯	庚辰	辛巳	壬午	癸未	甲申	乙酉	丙戌	丁亥
丙辛日	戊子	己丑	庚寅	辛卯	壬辰	癸巳	甲午	乙未	丙申	丁酉	戊戌	己亥
丁壬日	庚子	辛丑	壬寅	癸卯	甲辰	乙巳	丙午	丁未	戊申	己酉	庚戌	辛亥
戊癸日	壬子	癸丑	甲寅	乙卯	丙辰	丁巳	戊午	己未	庚申	辛酉	壬戌	癸亥

생일의 경계는 子시를 기준으로 한다. 23시부터 24시를 야자시(夜子時)라 하고 밤 0시부터 1시까지를 명자시(明子時)라 한다. 명자시는 그날 子시를 그대로 사용하고, 야자시생은 익일일진과 익일 子시를

쓰게 된다. 사주는 반드시 우측에서 좌측으로 쓴다.

다음은 사주 뽑는 연습문제를 제시하겠다.

예 ❶ 서기 1954년 9월 9일 오전 10시 40분생(음력)

※ 9월생이나 한로(寒露) 전에 출생하였으므로 8월, 월건(月建)인 癸酉월생으로 된다.

예 ❷ 서기 1963년 1월 9일 오후 11시 30분 생(음력)

서기 1963년 癸卯 생이나 입춘이 1월 11일날 절입하므로 연주와 월
주의 간지(干支)는 壬寅, 癸丑이 된다.

1월 9일 일주의 간지(干支)는 丙子이나 오후 11시 후에 출생하였으므로 다음날 간지인 丁丑이 된다.

예 ③ 서기 1953년 7월 19일 오전 4시 10분생(음력)

이 정도 연습을 했으면 여러분들도 사주(四柱) 뽑는 법을 알았으리
라 믿는다.
다음은 용신(用神)에 대하여 알아보자.

2. 용신(用神)

1) 통변성과 육신(六神)

통변성이란 사주일간(四柱日干)을 자신으로 하여 자신의 환경소유
가 되는 3간(三干) 4지(四支)의 음양오행과 생극비화(生剋比化)에
따라 붙인 명칭인데 이를 육신(六神)이라 한다.

일간과 오행이 같은 것은 비겁인데	음양이 같으면 비견이고 음양이 다르면 겁재이며
일간이 생해주는 오행은 식상인데	음양이 같으면 식신이고 음양이 다르면 상관이며
일간이 극하는 오행은 재성인데	음양이 같으면 편재이고 음양이 다르면 정재이며
일간을 극하는 오행은 관살인데	음양이 같으면 편관이고 음양이 다르면 정관이며
일간을 생해주는 오행은 인성인데	음양이 같으면 편인이고 음양이 다르면 정인이다.

알기 쉽게 예를 들어보자.

일간과 오행이 같은 것은 비겁인데 음양이 같으면 비견이라 한다.

일간과 오행은 같으나 음양이 다르면 겁재라 한다.

일간이 생해주는 오행은 식상인데 음양이 같으면 식신이라 한다.

일간이 생해주는 오행은 식상인데 음양이 다르면 상관이라 한다.

일간이 극하는 오행은 재성인데 음양이 같으면 편재라 한다.

일간이 극하는 오행은 재성인데 음양이 다르면 정재라 한다.

일간이 극하는 오행은 관살인데 음양이 같으면 편관이라 한다.

일간이 극하는 오행은 관살인데 음양이 다르면 정관이라 한다.

일간을 생해주는 오행은 인성인데 음양이 같으면 편인이라 한다.

일간을 생해주는 오행은 인성인데 음양이 다르면 정인이라 한다.

이상을 육신(六神)이라고 하는데, 용신(用神)을 뽑는 기초가 된다.
다음은 사주의 신강, 신약을 알아보자.

2) 사주의 신강(身强) · 신약(身弱)

사주를 감정할 때 일주(日柱)의 강(强), 약(弱)을 알아야 참된 추명 (推名)을 할 수 있다.

말하자면 일주의 강약에 따라 때로는 길신(吉神)이 흉신(凶神)이 되고, 흉신도 길신으로 변화되는 것이다.

일주의 강약은 쉽고도 어려운 것이므로 기초적인 것부터 알아보자.

● 신강, 신약 해설

득령(得令) _ 월지가 일간과 같은 오행이거나 생해주는 오행

득세(得勢) _ 일간과 같은 오행 또는 일간을 생해주는 오행이 많은 것

득지(得地) _ 일간이 일지에서 인성, 비겁을 얻은 것

이와 반대로는 실령(失令), 실세(失勢), 실지(失地)라 한다. 득(得) 이 많으면 신왕(身旺)사주요, 실(失)이 많으면 신약(身弱) 사주라 한다.

다음은 알기 쉽게 신강, 신약 사주의 예를 들어보자.

3) 신강사주 · 신약사주 해설

● 신왕사주

이 사주는 甲(木)일주가 寅(木)월에 출생하여 득령하고 연간 甲木, 일지 寅木, 시간 乙木으로 득세하여 신왕이다.

● 신왕사주

이 사주는 辛(金)일주가 申(金)월에 출생하여 득령하고, 월간 庚金, 시지에 申金으로 득세하여 신왕이다.

● 신약사주

이 사주는 乙(木)일주가 午(火)월에 출생하여 실령하고, 연간 癸木, 연지에 卯水, 시간에 甲木이 있으나, 지지 3 : 1 천간 2 : 1이니 신약이다.

● 신약사주

이 사주는 癸(水)일주가 午(火)월에 출생하여 실령하고, 시간 壬水, 시지에 子水가 있으나, 지지 3 : 1 천간 2 : 1이니 신약이다.

● 태약사주

이 사주는 辛(金)일주가 午(火)월에 출생하여 실령하고, 시지 酉金이 있으나, 지지에 3 : 1 천간에는 일간을 돕는 것이 없으니 태약이다.

● 태왕사주

이 사주는 庚(金)일주가 未(土)월에 출생하여 득령하고, 연간 戊土, 연지 戊土, 월간 己土, 시지 未土, 일지 戊土로 득세득지라 태왕이다.

● 신강, 신약 보충설명

· 일간이 비겁을 많이 보면 동기(同氣)가 되므로 힘을 합쳐서 신왕해진다.

· 일간이 식상을 많이 보면 설기(洩氣)를 당해 힘이 빠져서 신약해진다.

· 일간이 재성을 많이 보면 힘이 소모되므로 신약해진다.

· 일간이 관살을 많이 보면 극을 당해 파손되므로 신약해진다.

· 일간이 인성을 많이 보면 생조(生助)를 받아 힘이 강하므로 신왕해진다.

※ 고로 사주에 비겁이나 인성이 많으면 생부(生扶)를 받아 신왕해지고 식상이나 재성 또는 관살이 많으면 극설(剋洩)을 당하여 신약해진다.

다음은 지장간에 대하여 알아보자.

4) 지장간(支藏干)

12달(음력기준)		餘氣	中氣	正氣
1월	寅월	戊(7)	丙(7)	甲(16)
2월	卯월	甲(10)		乙(20)
3월	辰월	乙(9)	癸(3)	戊(18)
4월	巳월	戊(7)	庚(7)	丙(16)
5월	午월	丙(10)	己(10)	丁(10)
6월	未월	丁(9)	乙(3)	己(18)
7월	申월	戊(7)	壬(7)	庚(16)
8월	酉월	庚(10)		辛(20)
9월	戌월	辛(9)	丁(3)	戊(18)
10월	亥월	戊(7)	甲(7)	壬(16)
11월	子월	壬(10)		癸(20)
12월	丑월	癸(9)	辛(3)	己(18)

지장간이란 지지(地支) 속에 내장되어 있는 천간을 말한다. 지장간 표에서 보듯이 지지에는 여기(餘氣), 중기(中氣), 정기(正氣)가 있는데 여기(餘氣)란 지난달 오행의 기운(氣運)이 다음 달로 넘어가서 여기로 작용하는 것을 의미한다. 좀더 쉽게 설명하자면 지장간은 한 달 30일에 대한 장간(藏干)이 각기 작용하는 비율이다.

예를 들면 1월(입춘 후)에 출생했다면 월지는 寅이다. 寅 중에 戊, 丙, 甲의 천간이 들어있는데 입춘일로부터 7일간은 戊土가 작용하고, 8일부터 14일까지는 丙火가 작용하며 남은 16일간은 甲木이 작용한다.

지장간에 일간(日干)과 같은 오행이 있으면 통근(通根)했다 하고, 없으면 무근(無根)이라 한다.

천간은 천원(天元)으로 하늘이요, 머리요, 줄기로 보며, 지지는 지원(地元)으로 땅이요, 몸체요, 뿌리로 보고, 지장간은 인원(人元)으로 인사(人事)와 오장육부로 본다. 월지장간이 천간(天干)에 나타난 것으로 자기 정신의 사권성(司權星)으로 보니 인명(人命)은 지장간을 중요시하는 것이다.

5) 용신(用神)이란 무엇인가?

용신은 사주팔자(四柱八字)의 음양(陰陽) 및 오행(五行)의 조화를 위해 소용되는 육신을 말한다. 가령 사주(四柱)가 신약(身弱)이면 일주(日柱)를 도와주는 것이 용신(用神)이며, 신왕(身旺)이면 반대로 일주(日柱)를 억제하거나 왕성한 기운을 설기(洩氣) 시키는 육신이 필요한데 그 육신(오행)이 용신이다.

이 용신의 사주상의 위치 강약(强弱) 및 어느 육신에 해당하느냐에 따라 운명의 길흉화복(吉凶禍福)이 결정되므로 용신(用神)을 모르고서는 사주(四柱)를 풀수가 없다.

6) 격국(格局)이란 무엇인가?

명국(命局)으로 격(格)과 국(局)을 총칭하여 말함인데 사주간명법(看命法)상 사주(四柱)를 분류하는 편의에 의하여 붙인 명칭이다.

● 격(格)이란?

세력지본부인 월령(月令) 사령신(司令神)이 격(格)인데 사주의 규격(품격)으로서 종류의 대, 소국과 환경을 말하는 것이다.

● 국(局)이란?

월지(月支)와 더불어 삼합(三合) 또는 방합(方合)국(局)을 이루는 것인데 성국(成局)된 오행(五行)의 세력 판도에 따라 격(格)이 국(局)으로 인하여 달라지기도 한다. 그러므로 국은 판국(判局)으로서 집단과 같은 것이니 내용과 인격의 귀천을 나타내는 것이다.

● 격국은

정격(내격), 편격(외격) 잡격 등 8내격과 64외격을 합하여 72종이 있다.

● 정격은

월지(月支) 또는 시(時)의 통변성을 취한 것인데 이것을 내격(內格)이라 한다.

● 편격은

기명종격, 일행득기격, 화기격, 강왕격, 암신격, 양신성상격 등은 외격에 속하며 일명 편격이라 한다.

※ 많은 격국(格局) 중에 내격이 차지하는 바가 가장 많고 외격(편격)은 희소하다.

7) 내격취용법(內格取用法)

내격은 월지 또는 시(時)와 연(年)의 통변성을 취한다. 즉, 월지장간(月支藏干)에서 취하는데 득령(得令)이 제일이고 득세(得勢)가 그 다음이니 최강세에 의한다.

8내격 : 정관격, 편관격, 편재격, 정재격, 정인격, 편인격, 식신, 상관격

격(格)은 다음과 같이 정한다.

- 월, 지장간의 정기(正氣)가 투간하였으면 그 정기를 취한다.
- 월지, 정기는 투간하지 않고 중기(中氣)가 투간하였으면 그 중기를 취한다.
- 월지, 정기, 중기도 투간하지 않고 여기(餘氣)가 투간하였으면 여기를 취한다.
- 월지장간이 투간하지 않거나 투간해도 파극되었으면 월지오행의 최강세인 정기(正氣) 그대로 취한다.
- 子, 卯, 酉월은 잡기(雜氣)가 없는 것이니 투간여부를 불문하고 그대로 월지, 정기에 의한다.
- 월지가 비겁(比劫)이 되거나 월지, 비겁이 투간하였으면 월(月)에서 격(格)을 불성(不成)한다.
- 월지(月支)에서 격(格)을 불성(不成)하면 시상(時上)에 있는 관살, 재성, 식상으로 격을 정하고, 만일 시상(時上)에 비겁이나 인성이 있어 격을 불성하면 연상(年上)에 있는 관, 재, 식(官, 財, 食)으로 격(格)을 정한다. 좀더 쉽게 설명하자면 비견격, 겁재격은 없다는 뜻이다.

이상 외에 외격에 속하는 사주는 월지의 강약(强弱)을 불문하고 그 격(格)에 따른다.

이와 같이 격은 사주 중 오행의 태과(太過), 불급(不及)을 따지지 아니하고, 다만 월지를 중심으로 해서 가장 그 기세(氣勢)가 왕성한 오행(五行)에 따라 명명(命名)한 것이다.

고로 격(格)은 간명법(看命法)상 사주를 분류하는 편의에 의해 붙인 명칭이다.

격(格)과 용신(用神)을 보는 법이 대단히 어렵고 복잡하게 생각하는 분이 많은데 사실 그렇다.

사주 간지(干支)에 의하여 구별하면 무려 518,400여 가지나 되지만 사주팔자 중 가장 작용력이 큰 월지를 중심으로 해서 구별해 보면 불과 10여가지 유형으로 구별 할 수 있다. 이 유형을 격(格)이라고 한다.

8) 용신(用神)의 중요성

용신은 음양오행(陰陽五行)의 조화를 위하여 소용되는 인원용사(人元用事)의 신(神)을 말한다.

• 일간(日干)은 자기로 보니 국가원수와 같고

• 격국(格局)은 신체로 보니 국가체제와 같으며

• 용신(用神)은 정신으로 보니 치정자(治政者)와 같은 것이다.

즉, 용신(用神)은 격국의 운영자요, 대표자이며 일주(日柱)의 보호자요, 운명의 통치자요, 운로(運路)의 주관자인 것이다.

그러므로 용신이라고 하는 것은 사주(四柱)에 없어서는 안될 사주자

체의 정신을 말한다.

명리학(命理學)을 연구하는데는 격국과 용신의 판별과 추리(推理)를 정확하게 하지 않으면 사람의 운명(運命)을 논할 수가 없다는 것을 명심하여야 한다.

명리학에서는 용신이 가장 중요한데 용신을 정(定)하는 법이 대단히 어렵고 복잡하게 생각되나 사실상 억(抑)부(扶) 두 자뿐이다.

가령 木 일주(日柱)가 약(弱)하면 木을 生하여 주는 水가 용신이다. 그러나 木 일주(日柱)가 강(强)할 때는 그 강한 木을 억제하는 金이 바로 용신이 되는 것이며, 金이 너무 강하면 金을 억제하는 火가 용신이 되는 것이며, 金이 약한 경우에는 木을 억제하지 못하니 金을 도와주는 土가 용신이 되는 것이다.

木 일주(日柱)가 너무 태왕(太旺)한 경우는 金으로 극목(剋木)하는 것보다 설기(洩氣)를 시켜야 효과적인 것으로 木을 설기시키는 火가 용신이 되는데 그 설기시키는 火가 너무 강하면 木이 모두 타버려서 쓸모가 없게 되는 형상이니 이 때에는 그 火를 식혀주는 水가 용신이 되는 것이다.

그러나 木을 설기시키는 火가 부족하여 설기의 도(度)가 미달할 때는 바로 土가 용신이 된다.

9) 용신(用神)을 정하는 법

용신의 종류는 크게 나누어 다섯가지로 나눌 수 있다.

억부용신 · 병약용신 · 통관용신 · 조후용신 · 전왕용신 등이다.

● 일간(日干)을 도와주는 오행이 많으면 신왕이며 신왕이면 일주(日柱)의 오행을 극설(剋洩)하는 오행이 필요한데 필요한 오행이 즉 용신이다.

● 반대로 일간(日干)을 극설(剋洩)시키는 오행이 많으면 신약인데 신약(身弱)은 일간(日干)을 도와주는 즉 생조(生助)하는 오행이 용신이다.

● 신약사주에 일주(日柱)를 생조(生助)하는 오행이 있으나 이를 파극하는 오행이 있으면, 이를 사주의 병(病)이라 하고 파극하는 오행을 억제하는 오행을 약(藥)이라 한다. 병(病)이 있는 사주는 약(藥)이 용신이다.

● 일간(日干)이 서로 대립하는 오행의 강약(强弱)이 비슷할 때에는 두 오행간을 오행 상생(相生)의 원리에 의하여 소통시키는 즉 통관(通關)시킬 수 있는 오행이 용신이다.

● 木일주(日柱)가 엄동설한에 태어나 火가 전혀 없으면 얼어죽는 형상이니 火가 용신이 되고 한여름에 태어나 水가 전혀 없으면 타죽어가는 형상이니 水가 용신이다. 이런 형상을 일컬어 조후(調候)용신이라 한다.

● 일간(日干)과 같은 오행이 어느 일방으로 편중(偏重)되어 그 세력이 극히 왕성하여 억제하기 곤란할 때에는 그 세력에 순응하는 오행이 용신이다.

이런 형상을 일컬어 전왕(專旺)용신이라 한다. 이상 용신의 종류를 크게 나누어 다섯가지로 나눌 수 있다.

다음은 억부(抑扶)용신에 대하여 알아보자.

10) 내격 억부용신 정하는 도표

용신 사주	1차용신	2차용신	3차용신
신왕 사주	비겁이 많으면 : 관살	官이 없으면 : 식상	官食이 없으면 : 財
	인성이 많으면 : 재성	財가 없으면 : 식상	財食이 없으면 : 비겁
신약 사주	식상이 많으면 : 인성	印이 없으면 : 비겁	印比 없으면 : 財
	財星이 많으면 : 비겁	比가 없으면 : 인성	比印이 없으면 : 官
	官살이 많으면 : 인성	인성이 없으면 : 식상	印食 없으면 : 비겁

억부용신을 좀더 쉽게 설명해보자.

비겁이 많아 신왕이면 1차용신은 관살(官殺)이다.

관(官)이 없으면 2차용신은 식상(食傷)이다. 관살도 없고 식상도 없으면 3차용신은 재성(財星)이다.

인성(印星)이 많아 신왕하면 1차용신은 재성(財星)이다.

재(財)가 없으면 2차용신은 식상(食傷)이다. 재성(財星)도 없고 식상도 없으면 3차용신은 비겁(比劫)이다.

이상은 신왕사주 억부용신 정하는 법이다.

다음은 신약사주 용신 정하는 법을 알아보자.

식상(食傷)이 많아 신약하면 1차용신은 인성(印星)이다.

인(印)이 없으면 2차용신은 비겁(比劫)이다. 인성도 비겁도 없으면 3차용신은 재성(財星)이다.

재성(財星)이 많아 신약하면 1차용신은 비겁이다.

비겁(比劫)이 없으면 2차용신은 인성(印星)이다. 비겁도 인성도 없으면 3차용신은 관살(官殺)이다.

관살(官殺)이 많아 신약하면 1차용신은 인성이다.

인성(印星)이 없으면 2차용신은 식상(食傷)이다. 인성도 식상도 없으면 3차용신은 비겁이다.

이상은 신약사주 억부용신 정하는 법이다.

다음은 지금까지 배운 공식으로 용신을 뽑아보자.

① 정관격(正官格)

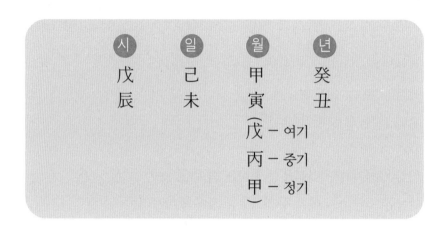

己(土) 일주가 寅월에 출생하여 월지 寅 지장간(戊丙甲) 중 정기 甲(木) 정관이 월간(月干)에 투출(透出)하니 정관격(正官格)이다. 己(土)일주가 木왕절 寅월에 출생하여 비록 실령(失令)은 했으나 득세(得勢) 득지(得地)를 하여 신왕이다.

비겁이 많아 신왕하면 먼저 관살(官殺)로서 용신을 정하는 것이니 월간에 투출한 정관(正官) 즉 甲木이 용신이 된다.

그러므로 위 사주는 [획수오행]과 [발음오행]에 반드시 木을 넣어서 이름을 지어야 명예도 재물도 얻으며 남들이 부러워하는 삶을 누리게 된다.

② 편관격(偏官格)

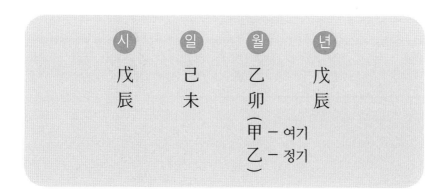

己(土)일주가 卯월에 출생하여 월지 卯의 지장간(甲乙)은 잡기(雜氣)가 없는 것이니 투간(透干) 여부에 관계없이 卯월의 정기인 乙(木)을 정하니 편관격이 된다.

己(土)일주가 木왕절 卯월에 출생하여 비록 실령(失令)은 했으나 득세(得勢) 득지(得地)를 하여 신왕하다.

비겁(比劫)이 많아 신왕하면 먼저 관살(官殺)로서 용신을 정하는 것이니 편관 乙木이 용신이 된다.

그러므로 위 사주는 [획수오행]과 [발음오행]에 반드시 木을 넣어서 이름을 지어야 명예도 재물도 얻으며 남들이 부러워하는 삶을 누리게 된다.

③ 식신격(食神格)

甲(木)일주가 寅월에 출생하여 월지寅 지장간(戊丙甲) 중 월간에
丙과 시간에 甲이 투출(透出)하였는바 어느 것을 써야할지 의문이
생기는데 비견이나 겁재는 격(格)을 이룰 수 없다.

즉 비견격, 겁재격은 없는 것이니 월간(月干)의 丙(火)을 용신으로
정하게 되어 식신격이 된다.

즉, 관살(官殺)이 없기 때문에 2차용신인 식상으로 정하는 것이다.

그러므로 위 사주는 [획수오행]과 [발음오행]에 반드시 火를 넣어서
이름을 지어야 명예도 재물도 얻으며 남들이 부러워하는 삶을 누리
게 된다.

④ 조후용신(調候用神)

甲(木)일주가 子월에 출생하여 癸(水)정기가 시간(時干)에 투출하여 인수격(印綬格)을 이루고 득력(得力)하니 일주가 신왕하다.

그러나 甲木일주가 한동시절(寒凍時節)이라 사주원국이 한랭(寒冷)하여 조후(調候)가 요망된다.

즉, 甲木(나무)이 추위에 얼어 죽는 형상이니 월간에 丙火를 용신으로 정하게 된다. 고로 용신은 火가 되는 것이다.

그러므로 위 사주는 [획수오행]과 [발음오행]에 반드시 火를 넣어서 이름을 지어야 재물도 명예도 얻으며 남들이 부러워하는 삶을 누리게 된다.

11) 전왕(專旺)용신 정하는 법

일행득기격(一行得氣格)

월지(月支)가 삼합(三合) 또는 방합(方合)하여 일간(日干)과 같은 오행이 되는 달(月)에 출생하고 거의 대부분이 비겁(比劫)으로 구성되고 관살은 일점도 없는 사주를 말한다.

일행득기격 도표

곡직격	木 일주가 亥卯未 또는 寅辰월에 출생하고 대부분이 木일 때
염상격	火 일주가 寅午戌 또는 巳午월에 출생하고 대부분이 火일 때
가색격	土 일주가 辰戌丑未월에 출생하고 대부분이 土일 때
종혁격	金 일주가 巳酉丑 또는 申戌월에 출생하고 대부분이 金일 때
윤하격	水 일주가 申子辰 또는 亥丑월에 출생하고 대부분이 水일 때

그러면 좀더 쉽게 사주를 알아보자.

① 곡직격(曲直格)

甲(木) 일주가 卯월 木왕절에 출생하여 거의 대부분이 비겁으로 구성되어 있으며 지장간에도 金이 없다. 즉 관살(官殺)이 전혀 없으니 곡직격이며 용신은 비겁인 木이다.

그러므로 위 사주는 [획수오행]과 [발음오행]에 반드시 木을 넣어서 이름을 지어야 재물도 명예도 얻으며 남들이 부러워하는 삶을 누리게 된다.

② 염상격(炎上格)

丁(火) 일주가 午월 火왕절에 출생하여 거의 대부분이 비겁으로 구성되어 있으며 지장간에도 水가 없다. 즉, 관살(官殺)이 전혀 없으니 염상격이며 용신은 비겁인 火이다.

그러므로 위 사주는 [획수오행]과 [발음오행]에 반드시 火를 넣어서

이름을 지어야 재물도 명예도 얻으며 남들이 부러워하는 삶을 누리
게 된다.

③ 가색격(稼穡格)

戊(土)일주가 辰월에 출생하여 거의 대부분이 비겁으로 구성되어
있으며 지장간에 乙木이 있기는 하나 土가 많아 힘을 못쓰는 형상
이니 즉, 관살(官殺)이 무력(無力)하니 가색격이며 용신은 비겁인
土이다.
그러므로 위 사주는 [획수오행]과 [발음오행]에 반드시 土를 넣어서
이름을 지어야 명예도 재물도 얻으며 남들이 부러워하는 삶을 누리
게 된다.

④ 종혁격(從革格)

庚(金) 일주가 申월 金 왕절에 출생하여 거의 대부분이 비겁으로 구성되어 있으며 년 지장간에 丁火 가 있기는 하나 金이 많아 힘을 못쓰는 형상이니 즉 관살이 무력(無力)하니 종혁격이며 용신은 비겁인 金이다.

그러므로 위 사주는 [획수오행]과 [발음오행]에 반드시 金을 넣어서 이름을 지어야 재물도 명예도 얻으며 남들이 부러워하는 삶을 누리게 된다.

⑤ 윤하격(潤下格)

癸(水) 일주가 亥월 水 왕절에 출생하여 거의 대부분이 비겁으로 구성되어 있으며 지장간에 戊土가 있기는 하나 水가 많아 힘을 못쓰는 형상이니 즉, 관살이 무력(無力)하니 윤하격이며 용신은 비겁인 水이다.

그러므로 위 사주는 [획수오행]과 [발음오행]에 반드시 水를 넣어서 이름을 지어야 재물도 명예도 얻으며 남들이 부러워하는 삶을 누리게 된다.

이상은 일행득기격(一行得氣格)이다.

⑥ 양신성상격(兩神成象格)

비겁과 식상만으로 양분(兩分)된 사주를 말한다.

戊(土)일주가 酉월에 출생하여 비겁과 식상으로 양분(兩分)되어 있으므로 양신성상격이라 하며 용신은 비겁과 식상을 공용(共用)한다. 즉, 용신은 土와 金이 된다.

그러므로 위 사주는 [획수오행]과 [발음오행]에 반드시 土와 金을 넣어서 이름을 지어야 재물도 명예도 얻으며 남들이 부러워하는 삶을 누리게 된다.

⑦ 기명종격(棄命從格)

일간(日干)이 무근(無根)하고 생부(生扶)가 없으며 거의 식상(食傷)이나 재성(財星) 또는 관살(官殺)로 구성된 사주를 말한다.

음(陰)일간은 한, 두 개의 비겁이나 인성이 있어도 파극되어 쓸모가 없으면 강한 쪽으로 쫓아간다.

비유를 하자면 만명의 군사가 백만대군과 싸운다면 상대가 되지 않는 것은 물론이거니와 승부는 불을 보듯이 뻔한 것이 아닐까? 이러한 상황에서는 약자가 강자에게 허리를 굽히고 항복을 하던지 당신 편이 되겠다고 맹세를 한다면 살아남지 않겠는가.

사주도 마찬가지로 강자편에 흡수되어야 하는 것이다. 왜냐하면 사주도 세력(勢力)으로 승부를 논하는 것이기 때문이다.

다음은 종격(從格)의 사주를 알아보자.

⑧ 종살격(從殺格)

乙(木)일주가 酉 월에 金왕절에 출생하여 실령(失令)하고 천간에 乙 木이 3개 있으나 지지(地支)가 모두 金이니 관살(官殺)이 태왕(太旺)하다.

乙(木)이 의지할 곳이 없으니 이럴 때는 세력이 강한 편관을 쫓아간다. 즉 용신은 金 이 되는 것이다.

그러므로 위 사주는 [획수오행]과 [발음오행]에 반드시 金을 넣어서 이름을 지어야 재물도 명예도 얻으며 남들이 부러워하는 삶을 누리게 된다.

⑨ 종재격(從財格)

壬(水)일주가 午월 火왕절에 출생하여 실령(失令)하고 거의 모두가
火국을 이루고 있으니 壬(水)은 의지할 곳이 없다. 이럴 때는 세력이
강한 재성(財星)을 쫓아가므로 용신은 火가 되는 것이다.
그러므로 위 사주는 [획수오행]과 [발음오행]에 반드시 火를 넣어서
이름을 지어야 재물도 명예도 얻으며 남들이 부러워하는 삶을 누리
게 된다.

⑩ 종아격(從兒格)

甲(木)일주가 午월 火왕절에 출생하여 실령(失令)하고 시지(時支)
에 寅木이 있으나 寅午(半合)가 火국으로 변했으니 甲(木)은 의지
할 곳이 없다. 이럴 때는 세력이 강한 식상(食傷)을 쫓아간다. 즉, 용

신은 火가 되는 것이다.

그러므로 위 사주는 [획수오행]과 [발음오행]에 반드시 火를 넣어서 이름을 지어야 재물도 명예도 얻으며 남들이 부러워하는 삶을 누리게 된다.

이상은 용신(用神)을 정하는 법의 기본요체이니 잘 기억하여 응용에 차질이 없도록 해야 한다. 무릇 배(舟)가 있어도 노를 저어야 강을 건너는 것이고, 옥(玉)도 다듬지 않으면 보석이 될 수 없는 것처럼 이름이 좋아도 노력이 뒤따르지 않으면 열매를 얻을 수 없다.

그러므로 항상 갈고 닦는다면 세상은 그대의 이름을 칭송하리라.

염경만

1953년 서울출생
대한일보 신춘문예당선
입산수도하산
易理學 院長
正命學 院長
作命學 院長
韓國易理學會 學術委員

● 주요저서

운트인 사람, 복트인 사주(태웅출판사)
운수대통, 꿈해몽법(태웅출판사)

● 위치 및 시간

서울시 영등포구 당산동 5가 32-1(3층)
당산역 1번출구 기업은행 건너편
전화 : 02-2631-4971, 010-4499-4971
상담시간 : 오전 11:30 ~ 오후 5:00
(이시간 이외에는 전화를 받지 않습니다)

저희 연구실은 언제나 열려있습니다. 易學에 대하여 좀 더 자세하게 상담 또는 개인지도를 원하시는 분은 왕림(枉臨)하여 주시면 성심 성의껏 궁금한 모든 것을 알 수 있도록 최선을 다할 것입니다.

★ 희소식 ★

「대운(大運) 따르는 이름짓는법」 책을 구입하신 독자분에게 무료로 1인에 한하여 작명, 사주, 궁합, 관상, 수상, 결혼운, 사업운, 직장운, 진학운, 이사운, 매매운, 초년, 중년, 말년운 등을 저자가 직접 상담해 드립니다. 다만 연구실로 책을 직접 갖고 오신분에 한 합니다.

대운(大運) 따르는 이름짓는법

1판 1쇄 인쇄 ┃ 2018년 2월 10일
1판 1쇄 발행 ┃ 2018년 2월 15일

엮은이 ┃ 염경만   **펴낸이** ┃ 윤다시   **펴낸곳** ┃ 도서출판 예가
주소 ┃ 서울시 영등포구 영신로 45길 2   **전화** ┃ 02-2633-5462   **팩스** ┃ 02-2633-5463
이메일 ┃ yegabook@hanmail.net   **블로그** ┃ http://blog.daum.net/yegabook
등록번호 ┃ 제 8-216호

ISBN ┃ 978-89-7567-596-6   03150